21世纪高校教师职业发展读本

What the Best College Students Do

如何成为卓越的大学教师

（第二版）

［美］肯·贝恩（Ken Bain） 著
明廷雄 彭汉良 译

北京大学出版社
PEKING UNIVERSITY PRESS

著作权合同登记号　图字：01-2005-1751

图书在版编目(CIP)数据

如何成为卓越的大学教师/(美)贝恩(Bain,K.)著;明廷雄,彭汉良译.—2版.—北京:北京大学出版社,2014.5

(21世纪高校教师职业发展读本)

ISBN 978-7-301-24184-4

Ⅰ.①如…　Ⅱ.①贝…　②明…　③彭…　Ⅲ.①高等学校—师资培养—研究　Ⅳ.①G645.12

中国版本图书馆CIP数据核字(2014)第081392号

书　　名　如何成为卓越的大学教师(第二版)
著作责任者　[美]肯·贝恩　著　明廷雄　彭汉良　译
丛书策划　周雁翎
丛书主持　张亚如
责任编辑　泮颖雯
标准书号　ISBN 978-7-301-24184-4
出版发行　北京大学出版社
地　　址　北京市海淀区成府路205号　100871
网　　址　http://www.pup.cn　新浪官方微博：@北京大学出版社
电子邮箱　编辑部 jyzx@pup.cn　总编室 zpup@pup.cn
电　　话　邮购部010-62752015　发行部010-62750672　编辑部010-62753056
印 刷 者　大厂回族自治县彩虹印刷有限公司
经 销 者　新华书店
720毫米×1040毫米　16开本　13.5印张　130千字
2007年9月第1版
2014年5月第2版　2023年9月第10次印刷
定　　价　48.00元

目　录

中文版前言

看到拙著翻译成中文出版，甚感欣喜。这让我有机会同千千万万的人和有悠久尊师传统的文明进行交流。毋庸置疑，这种交流对我们都将是有益的。我必须坦言，对这种新的交流我怀有特殊的兴趣。我有两个孙子，三岁的亚当和四个月的内森，其文化遗传可以追溯到中国。他们的外公、外婆生于中国，亚当和内森正在学习中英两种语言。

对于世界上的名牌大学而言，教学变得越来越重要。第二次世界大战以后，许多大学重视研究，而声称精湛的教学无关紧要，强调研究者的学习甚于学生的学习。但是，我们认识到，如果以牺牲所有其他人的学习为代价来促进一代学者的学习，那我们根本就无法长久维持一个文教昌明的社会。研究与教学不乏相通之处，而且杰出的教师认识到了它们的共同点。两者都与学习有关，前者涉及研究者的学习，后者则涉及普通学生的学习。在将来的学习型大学里，我们必须找到使这两种学习相辅相成的方法。

出色的老师认识到，就如何最为有效地鼓励学生学习这点上，有很多东西需要了解。人类是复杂的动物，他们的历史、体质以及所生活的社会对于他们如何学习、能否学习都会产生巨大的影响。我们可以从对于所有这些左右学习的复杂因素的研究中获益良多，但也可以从杰出教师的思想方法和实践活动中学到不少真知灼见。这其中包括，我们可以了解到，他们是善于学习的学习者，他们不断尝试着更好地理解学习的含义，理解影响学习的所有复杂因素，理解他们与学生如何才能透彻地了解学习的本质和过程。有鉴于此，拙著力图展现其中奥妙。

此书已被译成6种以上的文字，成为国际畅销书，但是没有一种语言比汉语更为重要，因为用中文阅读的人数最多。我期盼着由此书中文译本所推动的思想交流，而且希望有朝一日，我可以用普通话参与这场对话。现在我正在汉语学习上试图赶上我的孙子，不过眼下，恐怕他们进步得比我快。

衷心感谢北京大学出版社独具慧眼的工作人员，为使本书得以在中国大陆出版，他们付出了艰辛的劳动；需要感谢的还有译者明廷雄、彭汉良和其他涉及编辑和设计这本书的诸君。没有他们的辛勤工作，中文版的问世和由它引发的交流就不可能实现。随着此书出版计划的展开，他们不断付出努力，我亦承蒙雅爱，其深情厚谊不胜感佩。在此过程中，我有幸结识了一些亲密的新朋友，他们为此项工作呕心沥血。对他们每一个人，我想说一句：有劳各位，遥致谢忱。

肯·贝恩

于蒙特克莱尔新泽西州立大学

Preface to the Chinese Edition

I am pleased to see the publication of this Pu Tong Hua translation of my book. It opens the opportunity for a dialog with millions of people, and with a civilization that has long revered the teacher. Such a conversation will undoubtedly enlighten all of us. I must confess, however, that I have a special interest in this new conversation. My grandsons, Adam, age 3, and Nathan, age 4 months, can trace their heritage to China. Their other grandparents were born in China, and Adam and Nathan are both learning English and Pu Tong Hua.

Teaching has become increasingly important to the great universities of the world. Following the Second World War, many universities emphasized research and pretended that great teaching did not matter and emphasized the learning of the researchers over that of the students. But we have come to recognize that we cannot sustain a learned community in the world if we promote the learning of one generation of scholars at the expense of the learning of all others. Research and teaching have something in common, and outstanding teachers recognize that common ground. Both are concerned with learning, one with the learning of the researchers, the other with the learning of students. In the Learning Universities of the future, we must find ways for the learning of one to complement the learning of the other.

Great teachers recognize that there is much to learn about how best to foster someone else's learning. Human beings are complex creatures, and their histories, body chemistries, and the societies in which they live can have huge influences on how and whether they learn. We can learn much from research about all of the complex forces that shape learning, but we can also learn from the thinking and practices of great teachers. We can learn, among other things, that they are good learners of learning, constantly trying to improve how they understand what it means to learn, all of the complex forces that can shape learning, and how they and their students can best understand the nature and progress of learning. This book tries to capture some of that insight.

The book has been translated into more than half a dozen languages and has become an international best seller, but no language is more important than Pu Tong Hua because of the number of people who read it. I look forward to the exchanges of ideas that this translation will undoubtedly promote, and I hope that I may, someday, contribute to that ongoing conversation in Pu Tong Hua as I attempt to keep up with my grandsons in learning the language. I am afraid, however, that right now, they are making more progress than I am.

I wish to thank the wonderful people at Peking University Press who have worked so diligently to make this project possible, including the translators Ming Tingxiong and Peng Hanliang, and others involved in editing, and designing the new book. Without their very hard work, this book and the conversations that will come from it would not be possible. I value their efforts and their very kind friendships as the project has unfolded. I have made some new and very dear friends who have taken loving care of the work. To all of them, I say, thank you.

Ken Bain

Montclair State University of New Jersey

一　怎样才算“卓越”？

1932年，拉尔夫·林恩（Ralph Lynn）以优异的成绩从大学毕业，正赶上经济萧条，他只能靠为别人洗烫衣物来维持生计。10年后，他获得了函授课程教师资格证书。教了6个月的高中历史课之后，他于1942年底参加了陆军。二战期间的大部分时间里，他在伦敦检查别人送洗的脏衣服——审查士兵的信件，以防他们向家人过多地泄露部队的行动；再就是阅读历史。1945年他退役回家，向他的母校贝勒大学申请教书的职位。后来，他北上去了威斯康星大学，在那儿获得了欧洲史博士学位。1953年，他返回得克萨斯，在那儿教了21年书。

林恩于1974年退休，他从前教过的学生中有100多名如今都成了大学教师。他们对林恩称赞有加。其中有一位名叫罗伯特·富尔格姆（Robert Fulghum）的学生，后来写了一本非常有名的书，他在书中宣称，他在幼儿园学到了他需要知道的有关生活的一切；他坦陈，拉尔夫·林恩是“世界上最好的老师”。另一位学生叫安·理查兹（Ann Richards），她于1991年当选为得克萨斯州州长。她写道，林恩的课“为我们打开了一扇世界之窗，而且对于一个来自韦科市的年轻女孩来说，他的每一堂课都是一种异乎寻常的经历”。她从州长的职位退下来几年后，还解释说，林恩的课就像“通向历史伟人和历史运动的神奇旅行”。哈尔·温格

(Hal Wingo) 也曾上过林恩的课，多年后他当上了《人物》杂志的编辑。他断言，林恩提出了他所知道的有关人类克隆的最好论点。这位编辑解释说："拉尔夫·林恩会以他全部的聪明才智，不停地教育一代又一代新人，一想到这些，我就对未来充满希望；没有什么别的事物会让我对未来充满更多的希望了。"①

林恩到底做了什么，竟然对他的学生在智力和心理的发展上有着如此经久不衰的影响？一位卓越的大学教师怎样做才能帮助和鼓励学生取得出色的成绩呢？珍妮特·诺登（Jeanette Norden）是一位细胞生物学教授，在范德比尔特大学向医科学生讲授脑科学。她又是怎样让她的学生深入学习的呢？安·伍德沃思（Ann Woodworth）是西北大学的戏剧教授，她是如何把学生的表演水平提高到戏剧表演的辉煌境界的呢？考虑到人类克隆有悖伦理，那么是否可能进行一些智力上的克隆，以获得像加州大学欧文校区唐纳德·萨里（Donald Saari）那样的人的思维呢？（系里的微积分考试，得 A 的学生中有 90% 都是唐·萨里的学生。）保罗·特拉维斯（Paul Travis）和苏黑尔·汉纳（Suhail Hanna）曾经于 20 世纪 70 年代在俄克拉荷马州一所很小的地方大学教授历史和文学，之后又到宾夕法尼亚州和堪萨斯州的几所学校执教，我们能获得他们激励学生智力不断攀升的秘诀吗？

是什么让有些老师成功地教育了不同背景的学生呢？以保罗·贝克（Paul Baker）为例，他花了将近 50 年的时间，让学生有能力发现他们自己的创造力。20 世纪 40 年代，贝克开发了一个本科戏剧课程，他称之为"能力整合"，是对创造过程的一种探索，这种探索犹如给大脑充电。这一课程吸引了很多演员和其他门类的艺术家，也吸引了同样多的未来工程师、科学家和历史

① Robert Darden, ed., *What a World! Collected Essays of Ralph Lynn* (Waco, Tex.: Narrative Publishing, 1998).

学家。50 年代末，他利用该课程在达拉斯戏剧中心建立起了研究生戏剧科目，之后在三一大学建立起了同样的课程，使全世界范围内的戏剧作品发生了革命性的剧变。到了 70 年代，他在达拉斯新建的表演艺术磁石中学当校长，应用他的能力整合方法，改变了许多学生的生活，这些学生曾被当做失败者而遭到过其他老师的拒绝。90 年代初，他已经退休，回到得克萨斯州东部的一个小牧场，采用同样的方法为当地的小学创设了一门课程，使该校在其所在的农村社区标准化考试中的成绩达到了历史最高水平。他是怎样做到这一切的呢？

15 年来，在审视这些教学实践，并想到那些卓越的老师时，我不断地提出上述的问题。他们是如此卓越不凡，帮助学生取得了超乎寻常的成绩。我对此进行探索的灵感，在很大程度上来源于我在现实生活中所遇见的那些非常成功的老师。我脑海里有了一个想法：教书是人类事业中很少能从自己的过去获益的一门事业。优秀的教师不断出现，他们影响了学生的一生，但是也许只通过这些学生中的一部分人，他们得以对广义的教学艺术产生影响。总的来说，他们的洞察力随着他们的去世而不复存在，后代必须重新发现他们推动事业的智慧。最乐观的情况是，他们才华的极小部分流传了下来，后人捡起这些智慧的碎片，却没有充分认识到这些碎片所蕴藏的前人留下的财富。

10 年前，我遭遇了一场悲剧，一位我从未正式与之相识的才华横溢的老师突然谢世，让我失去了那样一笔财富。20 世纪 70 年代初，我还在得克萨斯大学读研究生，就听说了一位年轻的教授，他刚从芝加哥大学毕业，他的学生为了能上他的课，竟然连教室的过道都坐满了。几乎每一天，汤姆·菲尔波特（Tom Philpott）上完课后走出教室，他的身后总是跟着一群学生，一直跟到系里的教师休息室，他们在那儿继续谈论他在课堂上引发的话题。80 年代末，我的儿子和儿媳妇选修了菲尔波特的美国城市历史课。我旁听了他的课，他的课激起了许多新的提问和新的观点。我再次饶有兴致地听儿子他们讲起他学生的一些故事——甚至有许多学生没有报名上他的课，但都挤进了这位富有传奇色彩的老师的课堂，好给他们的大脑充电。我本想要采访菲尔波特，谈谈他的教学，如有可能，用录影带录下几节他的课。但那种机会永远不会有了，因为不久他就自杀身亡。他的同事称赞他，他的学生怀念他，而且在他那些当了老师的学生中，也许还有人把他的才华的碎片带进了他们自己的教学生涯中，但他的教学才华和教学方法的“资料馆”里，绝大部分东西都随着他的死而化为乌有。他的有关芝加哥社区发展的著作得以流传，但他没有写下自己的教学方法的著作，也没有人替他去写。

在本书中，笔者试图记录下美国一些最优秀教师的教学方法，不仅记录他们的所做，还要记录他们的所思，而且最要紧的是，将他们的教学实践上升为理论。这项研究刚开始时只针对两所大学的少数几个教师，但最后将 24 所学校（既有不限制入学资格的开放型学院，也有对学生进行严格筛选的研究型大学）的教授们包括了进来。部分老师主要是教尖子生，其他老师教的则是学习成绩不达标的学生。总之，我和我的同事们审视了六七十位教师的思想和方法。我们对其中 36 位教师进行了深入全面的研究，对其余教师的研究则相对简略。后者中有几位是我在范德比尔特大学和西北大学组织的年度系列讲座中某一场的演讲人，这些讲座均由这两所学校之外的其他院校中教学业绩非凡的教授主讲。我们的受访者中既有来自医学院校的教师，也有来自其他各个不同学科的本科院系的老师，这些学科包括了自然与社会科学、人文学科和表演艺术。有几位受访者是管理专业研究生课程的教师，还有两位来自法学院。我们想知道杰出教师的所做所思，想知道是什么让他们取得了卓越的成绩。最重要的是，我们想知道，他们的经验是否能够推广到其他老师的教学中。我把本书的读者对象定为所有的教师，但是本书所得出的结论应该也是广大学生及其家长的兴趣所在。

怎样才算“卓越”？

要开始这项研究，我们必须首先定义我们所说的“卓越教师”。下个定义还算比较简单。我们选取并准备对其进行仔细的教学法层面审视的所有教授，他们都非常成功地以各种方法帮助学生进行学习，这些方法对学生的思想、行为和感情产生了持久、真实和积极的影响。老师在课堂上的实际表现对我们而言无关紧要；只要他们在教学过程中不伤害学生或其他任何人，我们并不太在乎他们是如何取得那些成绩的。令人倾倒的演讲风格、生动活泼的课堂讨论、引发思考的各种练习和流行专业的科研项目，这些可能有助于理想教学终极目标的实现，也可能起不到这种作用。但有没有这些因素，并不能决定我们对哪些人进行研究。我们挑选教师作为研究对象的标准是，他们是否取得了重要的教育成果。

如何证明一位老师帮助和鼓励学生进行了深刻而卓有成效的学习，并且这种帮助和鼓励对学生产生了意义深远的影响呢？这一问题比想象的要复杂。没有某一类型的证据适用于所有的个案。我们只是寻找一位教师何以优秀的证据，一旦获此证据，我们就将这位教师纳入我们的研究。在有些个案中，证据显而易见，像贴了标签的包裹；而在其他的例子里，我们必须从没有标签的坛子里把证据捞出来，进行拼凑，就像人类学家寻找某种丢失的文明一样。各种可以收集到的证据要视个人情况和学科特点而定。

范德比尔特大学医学院的珍妮特·诺登和西北大学戏剧系的

安·伍德沃思两位教授代表了两种不同类型的证据。诺登的医科学生面临国家医学考试委员会和美国行医执照考试中心举行的标准化考试。学生在考试中就她所教的那部分专业知识的集体表现，可以有力地表明学生的学习情况。她的课怎样使学生在神经病学、国家考试和医学事业上做好准备，学生对此的看法也可以作为表明她优秀的证据。她为学生设计的各种考试和为引导学生对具体病例作出诊断的精密仪器（这些病例的诊断需要广博的知识、超前的理解和高深的临床诊断技巧），同样可以作为表明她优秀的证据。她如何让学生为将来的工作做好准备，她的同事对此给予的评价，也同样可以作为证据。诺登获得过由学生评选、由医学院颁发的各种奖项——有几个奖项颁发给她的次数超过了现在大学允许颁发的次数。1993 年，范德比尔特大学校长为取得杰出教学成就的教师设立了杰出教授荣誉职位，诺登第一个获此殊荣。2000 年末，美国医学院联合会因为她卓越的教学成绩授予她罗伯特·格莱泽奖。

安·伍德沃思同样获得过数不清的教学奖项，其中包括被授予西北大学杰出教授荣誉职位。但是那些褒奖并没有给予我们直接的有关学生学习情况的证据。伍德沃思的专业领域（戏剧表演）当然是强调学生的“表现”了，但该领域对取得的戏剧成就并没有标准化的衡量尺度。是什么让我们确信她的教学值得去仔细研究的呢？首先，我们从她的学生那里得到了大量的证据：她不仅风趣幽默、善于言辞，而且帮助学生取得了丰硕的成果。给我们留下深刻印象的是，学生对她的评价是众口一词、有口皆碑（“你上她的课比上本校任何其他老师的课学到的都要多”、“她的课改变了我的生活”）。在有关刺激学生用脑兴趣和帮助学生努力学习方面的问卷调查中，学生都给她打了理想的分数。第二，我们有大量关于伍德沃思如何教学的证据，其中包括从她的学生那里了解到的情况，从她对自己所教课程的描述中收集到的信息，还有就是我们对她的一个班进行了长达一学期的观察所得。最后一点就是，我们观看了她学生的表演，包括期末作品的表演和课堂作业的表演，在那些表演中，她的帮助时常将那些毫无新意的演绎变得迷人而富有魔力。

然而，仅有学生和同事的热烈赞扬还不够。我们需要多方面的资料来表明某个特别的老师值得我们进行研究。尽管我们并不要求每一位老师都拿出完全一样的证据，但所有的老师都必须经受两场严峻的考验，之后我们才将他们纳入我们最终的研究名单。

首先，我们坚持要有这样的证据，那就是，他们的大多数学生对他们的教学感到非常满意，并从中受到激励而继续学习。这不仅仅是一场受欢迎程度的竞赛，我们对入选的老师感兴趣并不只是因为他们深受学生爱戴。相反，我们要求学生的证词表明，他们的老师在智力和教育两方面均对他们产生了影响，并使他们产生希望学习更多知识的欲望。我们不认同一位前任系主任的标准，他过去总是说：“我不在乎学生喜不喜欢我的课，只要他们把教材学了就行。”他的意思就是，“我只要看他们期末考试成绩怎么样”。我们也关心学生在期末考试中的表现，但我们不能不注意到，有越来越多的证据显示，学生可以在许多类型的考试中“表现突出”，却不会改变他们原有的观点以及他们日后的思想、行为和感觉方式。[①] 我们同样关心学生在期末考试之后的表现。我们确信，如果学生在课堂上的体验非常糟糕，下课后他们就不大可能继续学习，甚至不大可能记住他们本该从那节课上学到的东西。老师可能威胁要对学生给予惩罚或强加额外繁重的作业，让学生害怕，好在短时间里记住所学的材料，但这些手段也会使

---

① 在物理学科中，我们所作的研究可以作为说明学生在学习之前形成的行为能力的鲜明例子，这一例子显示了一群在读基础课程的学生，即使他们保留了在上该课程之前的关于运动的基本错误的观点，也能够学会如何解决物理难题。有关这些研究详细情况见第二章。

学生因为此种经历而受到心理伤害，让他们对所学科目产生厌恶情绪。任何一个老师，一旦他使得学生讨厌所选科目，他就违反了我们的“不伤害”原则。

我们发现，有些教授可能在帮助少数学生学习时非常成功，但对大多数学生而言效果并不理想。有同事对我们提起他们以前的老师，说尽管这些老师促进了他们的智力发展，可是班上的大部分学生了无生气。这些同事显然很看重那些老师，甚至在自己的教学生涯中以他们的老师为榜样，为自己培养出来的少数几个出色的骨干学生而骄傲，他们甚至可能相信，自己之所以处于比较优秀的地位，就是因为当年自己的老师疏远了班上的大部分学生。此类教师也许对学术界很有用处，但不合我们的要求。我们寻找那些能将别人认为不可能调教的学生教育好的老师，寻找那些坚持不懈地帮助学生取得出人意料的成绩的老师。

我们的第二个严峻考验是关于学生学到了什么。这是个棘手的问题，因为对不同学科要作出不同的判断。我们试图证明，某一专业领域或密切相关的其他领域的同事们，都认为其学习目标是具有意义和富有实际价值的。然而，我们仍然接受这样的可能性，有些杰出的老师开发出了非常有价值的学习目标，这些目标没有学科界限，甚至难免冒犯许多的学科纯化论者。比如医学院的教授，将个人和情感的发展问题融入基础科学课程，帮助我们对医学研究做出了新的定义。的确，我们的研究项目中大部分非常成功的老师打破了传统的课程定义，让我们深信，即使只想成功地帮助学生学习一些基础知识，也得益于老师认为人类的学习是一个复杂的过程。因此我们必须采用一种影响广泛的教育价值观念，它不是起源于某一门学科，而是起源于一种普遍的教育传统，该传统重视人文学科（包括自然科学）、批判性思维、解决问题的能力、创造力、好奇心、对道德问题的关注，还有就是专业知识的广度和深度，以及创造该门专业知识的各种证明方法与标准的广度和深度。

总之，我们的研究项目只纳入那些有充分证据让我们信服的老师，他们帮助和鼓励学生学习的方式通常会赢得学科同行和广大学术界人士的赞扬和尊敬。但是我们尝试也纳入一些在现行的规范边缘探索并以新的重要方法解释学习资源的老师。有几位老师，他们在一些班级的教学非常成功，而在另外一些班级效果不尽如人意，我们对他们也进行了研究。比如说，有些老师在大班或者在小班，在高级课程或者在入门课程上取得了令人惊叹的教学成绩，但是并没有在两者上同时取得成功。这样的例子使得我们可以在成功和失败两种结果之间做些比较。

我们希望研究那些对学生产生持久影响的老师，但是证明产生持久影响的证据难以获得，在我们研究的早期阶段更是如此。我们同几位学生作了交谈，他们几年前上过某位与众不同的教授的课，坦言这位教授的课如何激发了他们的心智，影响了他们的生活。然而我们并没有完全听信学生的赞美之辞，也没有单独依靠那些访谈来决定某位老师是否值得我们注意。相反，我们寻找更能直接向我们证明老师具有持久影响力的证据。由瑞典理论家在20世纪70年代首先提出的深度学习者的概念，帮助我们发现了持久影响力的证据。①

我们认为深度学习可能比较持久，于是我们仔细倾听学生用于描述各自经历的语言，以收集有关证据。他们是否谈论“学习书面知识”、提高理解能力、将知识变为自己的东西、“钻研它”以及“融会贯通”呢？我们为有些班级所吸引，在那里，学生不是谈论他们必须记住多少，而是他们最终理解了多少（作为理解的结果而记住）。有些学生说一些课程“改变了他们的生活”，

① Ference Marton and Roger Säljö, “On Qualitative Differences in Learning—2: Outcome as a Function of the Learner's Conception of the Task,” *British Journal of Educational Psychology* 46 (1976): 115-127.

“改变了一切”，甚至“融入了他们的思想”。我们寻找这样的迹象，那就是，学生们形成了多重视角，增强了思考自身见解的能力；他们努力靠自己来理解各种观念；他们试图运用自己碰见过的概念和信息来作逻辑思考，广泛地应用所学材料，并把它同以前的经历和学习联系起来。他们思考过假设、证据和结论吗？

不妨考虑下面两组评论。其中一组学生告诉我们，上课时“需要完成许多作业”，老师督促他们“把它完成”，老师是非常认真而且公平的，正如一位学生所言，“作业覆盖了将会在考试中出现的所有内容，而且老师从不使用我们未曾见过的问题来对我们进行突袭”。这组学生强调“在课程上”取得成功，并且因为老师帮助他们达到了这一目标，所以他们对老师给予高度赞扬。尽管这些评价全都是赞扬的，但它们未必指向深度学习。相反，第二组学生谈论的是他们如何能够“将许多事情进行整理”或是“使许多事情进入”自己的大脑。他们强调的是希望学到更多东西，有时他们也谈论调换主修课程，这样就可以到某位特别的教授门下学习，而且他们对自己未知的领域感到敬畏和着迷。有位学生解释道：“在我选修这门课之前，我以为一切都会墨守成规，后来发现这门课真是太叫人兴奋了。”他们谈论这门课提出的问题，他们如何学会换一种方式进行思考，该课程怎样改变了他们的生活，以及他们打算运用自己所学去做什么。他们轻松地讨论所碰到的论点，对假设提出质疑，对证据和结论做出鉴别。这些学生还提到了他们后来阅读过的书，是因为那门课程激起了他们的阅读兴趣；他们也提到他们所从事的研究项目，还有对原有计划的改变。在评论一堂数学课时，有位学生这样说道：“他（指老师）不仅教我们如何解决问题，而且帮我们对问题做出思考，这样，我们可以靠自己把问题解决。我现在能够更好地全盘考虑问题了。”在谈到一堂历史课时，学生给出了这样的评论：“我不是只死记材料，我必须对论点和论据进行思考。”第二组评论暗示了老师对学生的持久影响，而第一组评论则不足以表明这一点。

随着我们调查的深入，同事们也表现出了极大的兴趣，他们经常建议我们考虑一些值得注意的老师。所有可能的研究对象均暂时进入了我们的研究视野，与此同时，我们仔细审查他们的学习目标，敦促他们提供证据，以证明他们成功地取得过意义深远的教学业绩。有时我们悄悄地从名单上去掉了一些人，不是因为我们认为他们教学无能，而是由于我们费尽力气也没弄到足以了解他们的资料。本书的目的不是为了向这些同行宣告谁没有被纳入我们的研究，而是为了尽可能多地向那些最有成就的老师们学习。因此，尽管我提到我们做过分析的许多人的名字，但我并没有提供一份完整的名单。

着手研究

确定了研究对象之后，我们就着手对他们进行研究。我们对有些老师在教室、实验室或者工作室里作了观察；而对另一些老师，我们拍摄了录像；还有一些老师，我们既观察又录像。我们同其中的许多老师以及他们的学生进行了长谈；查看了课程资料，包括教学大纲、考试题、书面作业，甚至还有一些上课笔记；参考了学生作业样本；进行了我们所称的“小组分析”，即将全班学生分成若干个小组，之后对各小组进行访谈；邀请了一些老师在深思熟虑之后，分析和描述他们各自的教学方法和教学观点；而且我们旁听了几位老师的全部课程。对资料的采集和分析的方法是多样化的，但这些方法并无特别，在历史、文学评论、调查性新闻和人类学等领域较为常见。我们听到的谈话，我们所作的采访，我们读到的课程资料和其他书面材料，还有我们听课时所做的笔记，所有这些形成了我们后来仔细阅读和研究的文本（有关此项研究的详细情况参见附录）。

学生对老师的评价

在对我们主要的研究结果进行总结之前，我们还应该考虑一个方法问题：学生的评价对鉴别优秀的老师能够起到什么作用？他们的评价是怎样影响我们的决定的？

在结识新的大学老师的过程中，我发现许多老师对著名的“福克斯博士实验”不甚了解，他们甚至怀疑任何鉴别和定义“优秀教学”的努力。在那项最初发表于20世纪70年代的研究中，三位研究人员雇请了一名演员给一群老师讲课。他们指示该演员要把课讲得富于表现力和娱乐性，但是要让讲话充满逻辑混乱，大量重复而又缺乏内容。实验者给这位讲课的“教授”拟了一份虚构的简历，连同一张已出版著作的清单，并称他为福克斯博士。当他们要求听讲的老师为讲演打分时，分数看来打得很高，其中有位老师竟然声称自己读过福克斯博士的一些著作。①

许多熟悉这个实验的大学教员则断定学生的评价不起作用，因为如果老师很风趣，胡说八道的演讲对学生来说也可能是“引人入胜”的。但仔细审视，最初的福克斯博士研究有一个严重的缺陷：它问错了问题。其中许多问题仅仅是问这位演员是否做了要求他做的事。例如，他们要他讲演时表现力丰富并且热情，而在接下来的问卷提问中有一个问题是：“他对自己的科目显得感兴趣吗？”② 听众打了高分也就不足为奇了。在所提的8个问题

---

① Donald H. Naftulin, John E. Ware, Jr., and Frank A. Donnelly, “The Doctor Fox Lecture: A Paradigm of Educational Seduction,” *Journal of Medical Education* 48 (1973): 630–635.

② Robert M. Kaplan, “Reflections on the Doctor Fox Paradigm,” *Journal of Medical Education* 49 (1974): 310–312; quotation from p. 311.

中，没有一个是问听众他们学到了什么——我们认为这是识别优秀教学的一个决定性的要素。研究人员没有去测试听众从讲演中所学到的知识（尽管后来的福克斯博士实验这样做了），甚至没有去问听众是否认为自己事实上学到了什么东西。

后来就所谓的“福克斯博士效应”所做的研究远远不如上面提到的“福克斯博士实验”那么闻名。这些研究指出了早期研究中的种种方法纰漏，从调查中得出了要谨慎得多的结论。总之，就如何鉴别优秀教学而言，我们能从福克斯博士实验中学到的东西非常有限。充其量，它们也许能帮我们了解，邀学生打分时，哪些问题可以问，哪些问题不能问。不要问老师是否表情丰富或是使用了某种特别的技巧，而要问老师是否对学生的学习有帮助，是否激起了他们对所修科目的兴趣。的确，研究发现，使用这样的提问，学生对老师的评价同外界对学生学习效果的衡量明显成正比。① 最为重要的是，正如一位评论者所言，学生的评价可以

① 参见 Peter A. Cohen, “Student Ratings of Instruction and Student Achievement: A Meta-analysis of Multisection Validity Studies,” *Review of Educational Research* 51 (1981): 281 – 309; Judith D. Aubrecht. “Are Student Ratings of Teacher Effectiveness Valid?” *IDEA Paper*, no. 2, November 1979 (Manhattan, Kans.: Kansas State University, Center for Faculty Evaluation and Development); Robert T. Blackburn and Mary Jo Clark, “An Assessment of Faculty Performance: Some Correlates between Administrator, Colleague, Student and Self-Ratings,” *Sociology of Education* 48 (1975): 242 – 256; Larry Braskamp, Frank Costin, and Darrel Caulley, “Student Ratings and Instructor Self-Ratings, and Their Relationship to Student Achievement,” *American Educational Research Journal* 16 (1979): 295 – 306; Frank Costin, William Greenough, and Robert Menges, “Student Ratings of College Teaching: Reliability, Validity and Usefulness,” *Review of Educational Research* 41 (1971): 511 – 535; Frank Costin, “Do Student Ratings of College Teachers Predict Student Achievement?” *Teaching of Psychology* 5 (1978): 86 – 88; P. C. Abrami, S. d'Apollonia, and P. A. Cohen, “Validity of Student Ratings of Instruction: What We Know and What We Do Not,” *Journal of Educational Psychology* 82 (1990): 219 – 231; K. A. Feldman, “Instructional Effectiveness of College Teachers as Judged by Teachers Themselves, Current and Former Students, Colleagues, Administrators, and External (Neutral) Observers,” *Research in Higher Education* 30 (1989): 137 – 194; K. A. Feldman, “The Association between Student Ratings of Specific Instructional Dimensions and Student Achievement: Refining and Extending the Synthesis of Data from Multisection Validity Studies,” *Research in Higher Education* 30 (1989): 583 – 645。

"表明老师在多大程度上对学生产生了具有教育意义的影响"。[1]如果我们想知道学生是否认为有些东西对他们的学习起到了帮助和鼓励作用，查明真相比向学生提问好。至于老师的表现力问题，澳大利亚研究人员赫伯特·马什和其他人员在后来的福克斯博士实验中发现，学生在听了激动人心的讲课后，考试成绩通常要比听了枯燥乏味的讲课好，这一点应该是人所共知的。[2]

对于学习某门具体的科目意义何在，学生并非总有精到的解释。所以我们不能只是依靠学生的打分来断定某个老师在帮助学生学习方面是否达到了本研究所要求的高水平。那些信息只来源于对课程材料的审视，包括对教学大纲和评价方法的审视，或是来自于对老师和学生的访谈。学生的评价可以补充那些更为定性的调查，特别是学生对类似出现在西北大学和范德比尔特大学学生问卷上的两个问题所打的分数。这两个问题是：教学对你的学习有多大帮助？所修课程对你的智力发展有多大促进？

然而，即使只把学生的评价作为部分证据，这样的有关教学质量的研究仍然让许多人极为怀疑。那些不了解福克斯博士实验的老师，也许对一项更为新近的研究多少有一些了解。1993 年，纳利尼·安巴迪（Nalini Ambady）和罗伯特·罗森塔尔（Robert Rosenthal）给学生放映了几位老师简短的教学录像片段，之后要他们对录像片中的老师作出评价，评价的方法就是别人在实际课堂上听这些老师授课后，给予这些老师评价的方法。[3] 研究人员想知道，最少需要听多长时间的课，就可以跟听了一学期的课一

---

① Kenton Machina, "Evaluating Student Evaluations," *Academe* 73 (1987): 19-22.

② Herbert W. Marsh, "Experimental Manipulations of University Student Motivation and Effects on Examination Performance," *British Journal of Educational Psychology* 54 (1984): 206-213.

③ Nalini Ambady and Robert Rosenthal, "Half a Minute: Predicting Teacher Evaluations from Thin Slices of Nonverbal Behavior and Physical Attractiveness," *Journal of Personality and Social Psychology* 64 (1993): 431-441.

样，给予老师基本相同的评价。《通用语》杂志和其他出版物报告说，实验小组只看了老师几秒钟，就对老师作出了类似于听了一学期的课以后所作的评价。因此一些学者认为，所有的学生评价全都产生于表面的观察，实际上不过是最原始的人缘测验。然而这些持批评意见的人没有考虑到，安巴迪和罗森塔尔的研究可以得出一个大不相同的结论：学生长期同老师（叫人兴奋的老师和令人沮丧的老师）打交道，养成了很强的猜测能力，即使只听几秒钟的课，就能够非常准确地猜出哪些老师会最终促进他们的学习，哪些老师不会。总之，学生对老师的即时评判可能来自于这样的考虑：谁能帮助他们学习和成长？相比之下，学生的判断不会缘于老师们难以归类的性格和友谊。安巴迪和罗森塔尔在他们的文章中提出了这样的观点："我们不仅拥有对别人产生印象的非凡能力……而且，也许更为不同寻常的是，我们形成的印象可以非常正确！"

就我们来说，我们依靠的并不是即时印象，而是上面阐述的较为详细持久的研究和在以下篇章将要更加充分讨论的内容。在本书最后一章，我将回到教学评价的过程，但是眼下有必要强调，此项研究遵从结果的标准。当我们发现有证据证明学生的学习取得了非凡的成绩，而且有迹象显示老师的教学帮助和鼓励了这些成绩的取得，我们就将其确定为"优秀教学"；当我们努力发现是什么促进了教育的成功，我们将了解一些促成优秀教学的因素。学生学到了多少东西，老师是否刺激了他们的学习兴趣和智力发展，学生就这方面的评价通常告诉我们许多有关教学质量的信息，但是我们考虑了比这多得多的证据，之后才对教学质量是否杰出做出结论。

几个主要的结论

我们就从此项研究的几个主要结论开始。这几个结论也就是我们在研究对象中发现的一般思维模式和实践模式。但我们要警告一句：任何指望得到一份简单的“规则”清单的人士可能会感到非常失望。这里提出的观点需要仔细成熟的思考和深度的专业学习，而且常常需要作根本性的概念转换。他们并不以分数来促进教学。①

我们就我们所研究过的老师提出了6个综合性的问题，我们的结论就基于这些问题。

1. 最优秀的教师知道什么？了解什么？

毫无例外地，杰出的教师非常了解他们所教的科目。他们都是活跃的成就卓著的学者、艺术家或者科学家。其中有些人出版了多部享有盛名的著作，这些著作长期以来受到学术界的重视；其余的人出版物相对较少，还有少数几位老师事实上没有出版物。但不管有无专著出版，杰出的老师在各自的领域内追求重要的智力和科学或艺术的发展，从事调查研究，对他们所教的学科有重要而独到的见解，经常广泛涉猎其他领域（这些领域有时跟他们自己的领域相距甚远），强烈关注他们学科中更为概括性的问题，比如史实的记载、辩论和认识论方面的讨论。总之，他们可以在智力上、体力上或者在感情上着手去做他们希望学生去做

① 我们相信这些结论大大超过了最近对传统与创新教学法的争论，关于被动或主动学习，或关于“台上的圣人”对“一旁指导”的争论。他们帮助解释为什么一些教授运用其他人视为过时的教学法来刺激学习，而一些人运用最时髦的方法却一败涂地，并且依然有人对着干。他们说的是更高的考虑层次，不问人家是否运用最新的技术和方法，但是却问有关对学生思维、行为或情感方式持续和实质性的影响。

的任何事。

这没有什么令人惊讶的。这一结论只是证实，人们必须懂得所教的知识才有可能成为优秀的老师。但是对于一门学科的知识掌握的好坏并不容易区别。如果答案相反，则每一位优秀的学者都是卓越的老师。可事实并非如此。更为重要的是，我们所研究的老师不同于许多其他的人，他们应用自己的知识来开发各种技能，以掌握基本原理和组织各种概念，目的是为了别人能够使用这些原理和概念去构筑他们自己的理解和能力。他们懂得如何简化和解释复杂的学科，如何以令人振奋的洞察力切中事物的本质，而且他们能够考虑他们自己对所教学科的看法，分析其特征，评价其质量。那种对自己的思想进行思考的能力，精辟地说明了我们在最卓越的教学中所观察到的大部分事实。

我们也发现，我们的研究对象对人类学习至少有一种直觉的理解，这类似于学习科学研究中出现的一些观点（详见第二章）。[①] 他们经常使用相同的语言和概念，并且使用我们在文献资料中发现的相同的方法来描绘学习的特征。譬如，当其他人在谈论传授知识和在学生的大脑中建立信息库时，我们的研究对象则在讨论帮助学生努力掌握概念和信息以建立他们自己的观点。就连他们对学习某门课程的意义的理解也带有这种差别的印记。其他的老师只要学生考试成绩好就可能心满意足，而那些卓越的老师则认为，如果学习对人们的思想、行为和感觉方式不能产生持久的实质性的影响，那么学习将毫无意义可言。

2. 他们如何为教学做准备？

卓越的教师把讲课、讨论、解决问题和其他各种教学要素视作严肃的智力上的努力，这种努力如同他们做研究、搞学术所付

---

① 若想知道这些学习研究的介绍，请参看 John D. Bransford, Ann L. Brown, and Rodney R. Cocking, eds., *How People Learn: Brain, Mind, Experience and School* (Washington, D.C.: National Academy Press, 1999)。也参看第二章注解。

出的努力一样，要求苛刻，意义重大。这种态度在我们的研究对象对如下简单问题的回答中表现最为明显："当你为教学做准备的时候，你问了自己什么问题?"有些老师面对这个问题可能会例行公事般作出毫无创见的回答：我将有多少学生？我将要讲些什么内容？我要为他们准备几次考试？怎么考？我要布置何种材料让他们阅读？

这些问题自然是重要的，它们反映了一种教学观念，这种教学观念与我们所研究的老师在备课过程中体现出来的大不相同。我们的研究对象使用更加有意义的提问，来设计一节课、讲稿、讨论、（医科学生的）住院实习或者其他学生可能遭遇的问题，而且他们以跟学生的学习目标有关的问题开始，而不是一开始就问老师将要做什么。在第三章，我们将仔细分析我们最常听到的提问模式，以及在那些提问中反映出来的教与学的观念。

3. 他们对学生的期望是什么？

简单地说，最优秀的老师对学生有"更多"的期待。许多老师上课时"夸夸其谈"而学生未必能取得理想的学习成绩，那么成就卓著的老师是如何刺激学生取得好成绩的呢？简短的回答是，他们避免跟课程随意相连的目标，而喜欢那些贴近生活的思想和行为的目标。我们将在第四章更加全面地探索此类行为和思想。

4. 他们如何教学？

虽然教学方法千变万化，但是最优秀的老师常常努力创造一种我们称为"自然的批判性的学习环境"。在这一环境中，学生解决有趣的、巧妙的或者重要的问题，完成激励他们去努力掌握概念的真实任务，通过这样的方式来学习，反思他们的假设，研究他们针对现实的思维模式。在这种既具挑战性又有支持作用的环境中，学习者对自己的教育有一种控制感；他们同别人协同工作，并相信他们的努力会得到公正和诚实的评判；他们可以不断尝试、失败并接受有经验的学习者的反馈意见，然后获得对他们的努力所作出的累积性评价。在第五章，我将详细论述最优秀的教授们所使用的各种方法，他们利用这些方法来讲课、引导讨论、教授个案，或者创造种种其他学习机会，来帮助建立此种学习环境。

5. 他们如何对待学生？

有巨大影响力的老师往往会对学生显示出一种强烈的信任。他们通常认为学生渴望学习，而且，如果没有相反的证据，他们认为学生有能力学习。他们对学生坦诚以待，有时还可能谈起他们自己的学习经历、雄心抱负、成功、挫折和失败，他们鼓励学生要同样学会思考和正直做人。他们可能会讨论自己是怎么培养兴趣的，在掌握所学科目时所面对的主要障碍是什么，以及在学习某些材料时曾使用的一些“秘密武器”。他们经常坦率而热情地谈论他们对生活的敬畏感和好奇心。最重要的是，他们倾向于非常大方而得体地对待学生。

6. 他们如何检查自己的进步和评价自己的努力？

我们研究过的所有老师都有某种系统程序——有些比其他一些更为精巧——来评价他们自己的努力并作出适当调整。此外，由于他们在评价学生时就在检查自己的努力，他们能够避免使用随意的标准对学生作出评定。相反，对学生的评定是依据主要的学习目标来作出的。笔者将在第七章论述老师们所使用的一些收集教学反馈信息的方法，探讨他们如何使用对学生所作的评定来帮助实现他们的目的，以及他们如何设计打分标准来将学生的注意力保持在真正的学习目标上。

在我继续写下去之前，还有三点需要澄清。第一，本书探讨的是杰出教师所擅长的一面，并不意味着他们从不失败或者不用付出努力就能取得优异的教学成绩。他们所有人都得学会如何鼓励学生学习，并且必须不断地提醒自己有可能出错的环节，总是寻找新的方法去理解学习的意义以及如何最好地促成这一目的。即使是最优秀的老师，在他们努力对学生施加影响的过程中也有不尽如人意的日子。正如我们的研究所揭示的那样，他们也遭受挫折、判断上的失误、焦虑或者失败。他们甚至并不总是遵循自己最好的做法。人无完人。随着本书探讨的深入，由于我们强调老师们最杰出的一面，这就有可能使人忘记他们的不完美之处，或者有可能认为卓越教师是天生的，而不是后天造就的。然而证据显示，卓越教师是后天造就的。我想，他们享有的成功的确部分源于他们愿意面对自己的弱点和失败。当我们邀请范德比尔特大学的一位哲学教授（他是我们最早的研究对象之一）就他的教学做一场公开演说时，他毫无顾忌地把他的演讲题目定为“当我的教学失败时”。

第二，他们从不因为自己所面对的困难而责备学生。我们的研究对象中有些只教尖子生，有些只教成绩最差的学生；但其中许多老师能教各种不同背景的学生。我们想知道，是什么超越了学生不同的背景，在对学生进行严格挑选的学校和不限制学生入学资格的学校，杰出的教学是否有共同的东西。

第三，我们注意到，我们挑选的教师通常对学术界有一种强烈的责任感，他们不只专注于课堂上的个人成功。他们把自己的努力看做一项伟大事业的一小部分，而不是把它当做展示个人杰出才能的机会。在他们看来，他们只是某种学习环境的贡献者，这一学习环境的建立需要整个团队的学者来重视。他们常常致力于重大的课程改革，参加关于如何改进学校教学的公众讨论。他们中的许多人谈到，他们的成功很大程度上取决于学生从别的课堂上所学到的知识。因此，他们倾向于经常跟同事交流，谈论如何最好地教育学生；他们还经常引用他们在与别人共事时所学到的知识。从根本上讲，他们是学习者，不停地尝试加大努力来促进学生的发展，而且绝不沉溺于他们已经取得的任何成绩。

从此项研究中学习什么？

人们如何使用这些结论来改进他们的教学呢？对这个简单问题的详细答案包含在整本书中，但首要一点似乎是显而易见的：我们不能将这里提到的种种方法单独抽取出来，简单地同其他各种效率低下的甚至是消极有害的习惯相结合，指望这样来改造一个人的教学；如果这样做，就无异于仅靠采用荷兰画家伦勃朗的笔触来复制他的天才。我们必须理解隐身于教学杰作背后的思想、态度、价值观及其概念，仔细观察别人的实践，但之后要着手消化和改造我们所看到的一切，使之个性化。将伦勃朗的比喻再引申一步，这位伟大的荷兰画家不可能是毕加索（西班牙画家），就像毕加索没法复制他的这位前辈一样，各人都必须去发现自己的天赋。所以老师们也必须对每一种观念进行校准，使之适应自己的身份和教学。

最后，我希望本书能够激励老师们对自己的教学方法和教学策略作出系统的、深思熟虑的评价，问问自己为什么要这样做而不那样做。有什么关于人们学习方式的证据促使他们在教学上作出这样的选择？他们是否经常按照从前老师的方式行事？比较理想的是，老师们对待教学要像对待自己的学术或艺术创作一样，把教学当做严肃而且重要的智力创作，努力从仔细的观察和周到的分析中受益，从反复的修改和提炼中，从同行的批评中和跟同事的交流中受益。更为重要的是，我希望本书能使读者们相信，优秀的教学是能够学习得到的。

二　卓越的教师知道学生怎样学习吗？

20 世纪 80 年代初，亚利桑那州立大学的两位物理学家想要知道，一门典型的按照传统强调牛顿运动定律的基础物理课程是否能够改变学生对于运动的看法。当你读到这句话时，你可以将“对于运动的看法”换成跟你的学科相符的短语。某一课程会让学生改变思维方式吗？

为了找到答案，易卜拉欣·阿布·哈朗（Ibrahim Abou Halloun）和大卫·赫斯特尼斯（David Hestenes）设计并实施了一个测试，来确定学生是如何理解运动的。他们将试题发给四位不同的物理老师班上的学生。这四位老师在同行和学生的眼中都是出类拔萃的好老师。从表面看，结果并不让人吃惊。大多数学生在选修这几位老师的课程之前，对物理世界都有一套基本的直觉的看法，他们的看法被物理学家称为“亚里士多德（Aristotle）和 14 世纪动量概念的混合物”。总之，他们对运动的看法不同于艾萨克·牛顿（Isaac Newton），更不用说类似于理查德·范曼（Richard Feynman）了。不过那是在学生学习基础物理之前。

该课程改变了学生的想法吗？[①] 没有。学期结束后，两位物理学家用同样的卷子再次对学生进行了测试，发现该课程对学生思维方式的改变相当小。甚至许多成绩得 A 的学生都仍然同意亚里士多德的看法，而不是同意牛顿的看法。他们记住了公式，学会了往公式里填入正确的数字，但他们并没有改变他们的基本观念。相反，他们学习该课程之前就有的直觉，还是被用来解释他们所听到的有关运动的一切。

哈朗和赫斯特尼斯想对这一叫人烦恼的结果做进一步的探究。他们俩单独走访了几位坚持拒绝牛顿定律的学生，想看看能否说服他们放弃原先的错误理论。在访谈期间，他们问学生一些基本的运动问题，这些问题要求学生依靠自己的运动理论来预测一个简单的物理实验中将要发生的情况。学生作了自己的预测，然后研究人员当面进行实验，来验证学生的预测正确与否。不用说，那些学生依据错误运动理论作出的预测被证明是错误的。这时，物理学家要求学生对他们的观点与实验结果之间的差异进行解释。

他们对听到的解释感到震惊：许多学生仍然拒绝放弃他们错误的运动观点。相反，这些学生认为他们刚才目击的实验并不完全适用于他们头脑中有问题的运动定律；这可能只是一个特殊的状况，也许并不适合他们认为正确的错误理论或定律。哈朗和赫斯特尼斯写道："通常，学生会坚持错误的信条，即使那些信条跟他们所面对的事实相矛盾。"如果研究人员指出这样的矛盾，或者学生自己意识到这样的矛盾，他们首先并不质疑自己的信条，而往往反驳说，所观测到的实验是受某个其他定律或原理的

① Ibrahim Abou Halloun and David Hestenes, "The Initial Knowledge State of College Physics," *American Journal of Physics* 53 (1985): 1043–1055. 也参看 Ibrahim Abou Halloun and David Hestenes, "Common Sense Concepts about Motion," *American Journal of Physics* 53 (1985): 1056–1065。

支配，他们所使用的原理则适合于稍微不同的情形。[①] 学生进行各种思想活动，来避免对抗和修正指导他们理解物理世界的基本的潜在法则。让人尤其不安的是，有些这样的学生竟然得了高分。

学生学到的东西是否总有那么多就像我们一向认为的那样，已有一小部分但却越来越多的文献资料对此质疑。上述故事就是此类文献的一部分。有关这个问题的学术著作不是问学生能否通过我们的考试，而是问他们所受的教育是否对他们的思想、行为和感情方式产生持久的、实质性的、积极的影响。研究人员发现，即使一些“优秀”学生在理解能力上的进步也不如我们曾经想象的那么大。他们发现，学生通过学习“填空”、记忆公式、往正确的方程式里填入数字或者把正确的词汇填入论文来取得 A 等成绩，但他们理解得很少。下课时间一到，他们很快就将“学过”的大部分知识忘得一干二净。[②] 例如，出席 1987 年科学教育会议的人士在数学课上就发现了这个问题。他们总结说，“那些成功地修完微积分的学生，对该学科常常缺乏概念性的（初步的）理解，不懂得它的重要性”，因为老师依赖“填空”练习，而那些练习跟真实世界鲜有联系。[③] 即使学生对某一学科或领域有了一些概念上的理解，他们也往往不能将所学知识同现实情景

---

① Halloun and Hestenes, “Common Sense Concepts about Motion,” quotation from p. 1059.

② 如欲进一步了解物理中这种现象的示例的讨论，参看 Jose P. Mestre, Robert Dufresne, William Gerace, Pamela Hardiman, and Jerold Touger, “Promoting Skilled Problem Solving Behavior among Beginning Physics Students,” *Journal of Research in Science Teaching* 30 (1993): 303 – 317; Lilian C. McDermott, “How We Teach and How Students Learn,” in Harold I. Modell and Joel A. Michael, eds., *Promoting Active Learning in the Life Science Classroom* (New York: The New York Academy of Sciences, 1993), pp. 9 – 19; and Sheila Tobias, *Revitalizing Undergraduate Science: Why Some Things Work and Most Don't* (Tucson: Research Corporation, 1992)。

③ Kim A. McDonald, “Science and Mathematics Leaders Call for Radical Reform in Calculus Teaching.” *Chronicle of Higher Education*, November 4, 1987, p. 1.

相联系，不能根据具体情况解决实际问题。

向最好的老师学习

最优秀的老师是否知道，是什么帮助他们部分或完全解决这些问题的呢？

我们发现，他们对自己的学科颇有造诣，他们是活跃而卓有成就的学者、艺术家或科学家——尽管他们并不都是著作等身。但是必要的知识本身并不能说明他们教学上的成功。如果真是这样，那么同一领域的任何专家都将成为杰出的教师，但显然实际情况并非如此。说专家们需要多一点时间就能成为卓尔不群的老师也是不现实的。我们碰见过很多教授，他们在各自的领域都是有名的学者，他们花费几个小时来精心准备他们的演讲稿，使之能够反映最新最前沿的学术和科学知识，结果教出来的学生却对该学科的尖端性一无所知。其中有一位老师——他是医学院教授，不是我们的研究对象——就曾经骄傲而又不无沮丧地告诉我们，只要讲稿上的每一行都反映“该领域最高的科学质量标准和最前沿的知识信息”，他并不担心学生“理解”与否。

最优秀的老师还知道什么呢？他们是如何成功地帮助学生进行深度学习的呢？我们发现另外两类知识好像在起作用。首先，他们对自己学科的历史和各学科之间的各种争议有一种非常敏锐的认识。这种认识似乎有助于他们深刻思考各自领域的思想本质。然后他们得以使用这一种对本质的理解能力来思考他们自己的思想——我们称之为“超认知”——以及思考他们对学科本身的理解，以此来领会别人可能用的学习方式。他们知道什么最重要，而且能够区别基本概念和对这些基本概念所作的详细阐述或者说明。他们了解学生在培养自身的理解能力时会碰上什么困难，在了解的基础上，他们为学生简化和澄清复杂的论题，作正确的描述或者提出令人深思的问题。然而这里面也有个难题。那种了解显然根植于各个不同的研究领域，使我们难于进行归纳。

不过还有一类知识似乎在起作用，它超越了所有的学科，因此对我们进行概括性的研究更为有益。简单说来，我们分析过的老师通常都能从他们跟学生打交道的经验中大致拼凑出人类学习的概念，这些概念跟出现在有关认知、动机以及人类发展的研究成果和理论文献中的一些观点有着惊人的相似。这些观点有助于他们理解和处理前面提到的物理学习的例子和各种各样的其他学习问题。

下面是我们发现的几个关键性的概念。

1. 知识是构建的，不是灌输的

理解这个概念的最好办法也许是将其同一个旧的概念作对比。根据传统的观点，记忆是一个巨大的存储箱。我们把知识存入其中，在需要的时候拿出来。所以你经常听到有老师说："学生必须先学习材料，之后才能对其进行思考。"这句话的意思大概是：他们必须将材料储存在大脑的某个地方以便随后取用。

最优秀的老师并不这样看待记忆，许多学习型科学家也不这样看。相反，他们说，我们通过自己接受到的所有感官输入来构筑我们的现实感，这一过程打从婴儿时期就开始了。我们看、听、摸、闻、尝，而且在脑子里把所有这些感觉联系起来，建立我们所认为的世界运作模式。我们的大脑既是存储器，又是处理器。有时候，我们开始使用这些现成的模式去理解新的感官输入。到读大学的时候，我们有了成千上万种思维模式，我们利用它们来努力理解所听的演讲、所阅读的课文等。

例如，我对称之为教室的事物有一种思维模式。当我走进一个房间并且通过眼睛的晶状体来接受某种感官输入时，我会根据先前存在的模式来理解这种输入，因而得知我不是在火车站里。

但是这种非常有用的能力也可能给学习者带来一些问题。每当碰到新的资料，我们就会根据我们自以为已经知道的事物来对其进行理解。我们利用自己现成的思维模式来影响我们正在接受的感官输入。这就意味着在同学生交谈时，我们的思想并非原原本本地从我们的大脑传递到他们的大脑。学生们会将自己的思维模式带进课堂，从而影响他们对意义的构建。即使他们对我们所讲的学科一无所知，他们仍然能够利用对某一事物的现成模式来理解我们所讲的内容，这往往导致他们的理解跟我们想要传达的思想大相径庭。乔希·比林斯（Josh Billings）曾经说过："人们的苦恼不在于他们不懂，而在于他们懂得太多似是而非的东西！"

我并不是说学生将错误的想法带到了课堂上，这一看法与一位哲学教授几年前在研讨会上听到这些意见时所得出的结论相同。事实上，我是在陈述一种更为重要的情况：我们所研究的老师相信每一个人都是在构建知识，而且我们都是在使用现成的构架来理解任何新的感官输入。当这些富有成效的老师努力教授他们学科的基本事实时，他们要求学生以该学科最新的研究成果和学术成果的眼光来看待部分现实。他们并不认为这像许多其他人所说的那样，只是让学生"吸收知识"。因为他们相信学生必须使用现成的思维模式来解释自己所遇见的一切，所以他们认为他们那样做是刺激知识的构建，而不是"传递知识"。此外，由于他们认识到他们学科比较有条理的概念常常与现实模式背道而驰，而这种现实模式则是日常经验鼓励大多数人去构建的，所以他们常常要求学生去做人类并不擅长的事情：针对现实世界建立新的思维模式。

但那正是问题之所在。

2. 思维模式变化缓慢

我们如何才能刺激学生去建立新的模式，进行"深度"学习，而不是只为了应付考试而死记硬背，即所谓的"表层"学习呢？为达此目的，我们的研究对象普遍认为，学习者必须：(1) 面对一种情形，让他们的思维模式不起作用（即不会帮助他们解释某种现象或从事某件事情）；(2) 不介意他们的思维模式阻碍和纠缠所考虑的问题；(3) 有能力处理对他们的一贯信仰构成挑战所形成的感情创伤。

我们所研究的老师经常谈到“从智力上挑战学生”。那意味着他们想要创造一种某些文献所称的“预期失效”，即这样一种情况，现存的思维模式将导致错误的预期，使学生意识到他们在坚持原有信仰时所面对的问题。然而这些优秀的老师认识到，人类在生活中通常要面对太多的预期失效，所以不会在意所有的挫折，因此学生可能不会去做建立全新思维模式所要求的深度思考。而且，他们认为人们对现实世界有许许多多的认知模式，因而有可能不知道是哪一种模式导致了错误的预期，从而没法对错误的模式进行修正。物理专业学生碰到他们的运动概念失效的实验时犯错误，部分原因就源于此。还有，卓越的老师认为，学生可能从现存的对现实的思维模式中获得太多的情感慰藉，以至于即使面对不断出现的预期失效，他们仍然对固有模式依依不舍。

上述思想对老师有着重要的意义。老师们可用独特的方式来管理课堂和设计作业，这种方式允许学生检验自己的思想、遭遇失败、接受反馈和重新尝试。他们给予学生一个安全的空间来建造概念，并且常常花费大量时间创造出一种脚手架（理论的框架），来帮助学生从事此种建造（这不同于流行的对材料进行“覆盖”的概念，但是所采用的方式有时难以把握）。因为他们试图把学生置于有些自身的思维模式不能发挥作用的境地，所以他们努力去理解那些模式和学生所背负的感情包袱。他们在对学生进行挑战之前倾听学生的思想。他们不会对学生说“你们错了”，继而给出“正确”的答案；相反，他们常常提出问题，以此来帮助学生明白自己的错误。

在处理依然盛行于从自然科学到人文科学的许多学科的争议时，我们研究的老师所采取的做法也许最能体现上段中提及的常见方式。在这一争议中，一方面，有些老师固执地认为，除非学生“知道”该学科的“基本事实”，否则他们不可能学会思考、分析、综合以及作出判断。持这一观点的人士倾向于强调信息的传递，排斥其他所有的教学活动。他们不大指望学生有什么推理能力（这种推理能力据信产生于学生“学习材料”之后）。这些老师在设计考试时，常常考查学生的记忆能力或对知识的简单识别能力（比如多重选择试题）。

而我们所研究的老师则持另一种观点。他们认为，学生不仅要了解基础事实，同时更要学会运用所学知识来对他们所理解的或所应该做的事情作出判断。在这些老师看来，如果学习不能够对学习者以后的思想、行为或感情方式产生某种长远的影响，这种“学习”就没有什么意义。所以他们总是在有意义的上下文中应用各种提问来教授“事实”。

让我们看看两位解剖学教授不同的教学方法。这两位教授中，一位已纳入我们的研究，教学成就非凡；另一位则不在我们的研究之列，他在促进学生学习方面，说好听点，有些困难。后者主张，学生要做的就是“学习事实”。他对我们说：“没有太多可讨论的。科学家对人体结构了解得非常清楚，学生只需吸取大量事实。老师要做的就是站在学生面前，把事实教给他们。我们不可能像上文学课那样进行讨论。”他强调“传递”知识，并坚持认为，解剖学课程的主要目标就是“记忆大量信息”。他说，学生必须“记住一切，并储存起来”。他的考试也都反映了这一思想，试题大半要求学生回忆老师在课堂上所讲的知识，或者是识别出正确的答案。我们对这位教授的一些学生进行了访谈，他们通常都承认，在学完课程几个月后就很难记得课堂上所学的东西。与此同时，这位教授则向我们抱怨，说学生普遍“不够用功”，而且“差生”压根儿没法“在记忆库里保存太多知识”。

另一位教授则不主张“吸取知识”，而主张“理解”结构及人体各部分跟全身的关系，并且更为重要的是，关注学生根据自己“获得”的理解所能作出的种种判断。她帮助学生“建立”自己的理解，学会“使用知识”去解决科学和医学上的问题。在课堂上，她确实常常解释“机体功能原理”，努力“简化和阐明”基本概念，但她也引入问题，常常是“可能出了什么错”之类的临床病例，让学生设法解决这些病例中的问题。学生在努力理解和应用此种理解的过程中学习知识。她对我们说，“我必须考虑，为什么人们需要记住细节性的知识？这一事实能帮助人们理解什么？它帮你解决什么问题？”她特别考虑了学生带到课堂上的种种“错误模式”，对它们作出精心的解释和论述，并巧妙安排阅读材料来挑战学生的那些观念。她的考试也是这样。试卷要求学生努力钻研临床病例，对其进行分析、综合及作出评判，并提供足够的论据。他们依然必须记住一大堆的知识，但同时他们必须通过推理来解决问题。

3. 提问非常关键

有关学习的著作和最优秀的老师都认为，提问在学习和修正思维模式的过程中起着极其重要的作用。提问有助于我们建立知识体系。它们指向人脑记忆结构中的空洞，当我们为某个问题找到答案时，我们所获得的信息需要编入大脑中的索引，这时提问就起着必不可少的作用。有些认知科学家认为，提问如此重要，以至于不提出一个适当的问题我们就没法学习：如果记忆不提问题，那它会不知道将答案编入索引的什么地方。我们提的问题越多，我们在记忆中对某一思想编入索引的方式就越多。比较理想的索引具有更大的灵活性，使人更易于回忆，理解也更丰富。

有位教授在我们多次聆听过的主题报告中告诉我们：“当我们能够成功地刺激学生问他们自己的问题时，我们就为他们的学习奠定了基础。”另一位教授则提醒我们：“我们要详细说明我们的课程将要帮助他们作出回答的那些问题，但自始至终，我们要让他们自己对我们的学科和论题逐步提出一系列丰富而重要的问题。”

4. 专注至关重要

当人们提出一个他们很在意答案的问题时，或是选定一个他们很想达到的目标时，他们学习的效果就最好。如果他们心不在焉，他们就不会努力接受、解释和修正所学的新知识，或者将新知识和旧知识融为一体。他们就不会设法去建立新的对现实世界的思维模式。他们可能在短期内记住所学知识（维持到参加考试），但只有当他们的记忆提出种种问题时，它才会有准备去改变知识结构。唯有如此，记忆才知道把知识放在什么地方。如果我们不为知识寻求答案，我们就会记不住那些散乱的知识。

这些有关学习的理念有助于解释我在本章一开始所讲的故事。那些成绩得 A 却依然不能理解牛顿概念的物理专业学生并没有重建他们对于运动的思维模式。他们仅仅学会了把数字填入公式，而没有经历头脑中想象的各种领域的预期失效。他们全盘接受从老师那儿听来的一切，之后简单地将其包装在某种业已存在的有关运动的思维模式中。也许是因为他们太关注分数而不是专注于对物理世界的理解，他们并不热心去改变自己原有的观念和建立新的对于现实世界的模式。

那么优秀的老师对于促使学生变得专注的动机了解多少呢？

刺激和阻碍学习的因素

我们发现，非常成功的老师已经逐步形成了一系列看法、概念和习惯，它们很好地反映了几个重要的观点，这些观点来自于对动机的学术性研究。

过去40多年来，心理学家做过研究，如果某人有强烈的兴趣做某事，而且别人为其提供一个“外在的”奖赏来支持其“内在的”兴趣，之后撤走这一支持，结果会怎样呢？他们对事物的兴趣是增强，或者保持原样，还是减弱呢？举例来说，如果学生对战争的起因有强烈的好奇心，我们用分数作为外在的奖赏来激励他们学习，他们毕业后还有学习兴趣吗？

实际情况是，他们的兴趣减弱了。外在的促进因素一旦撤离，研究对象往往就失去部分或全部的兴趣；至少在有些情况下就会如此。在一个著名的系列实验中，爱德华·L. 德西（Edward L. Deci）和他的同事们让两组学生玩一种叫苏摩的搭积木游戏。接受试验的学生被带到测试教室里按要求解答问题。主考人每次离开教室8分钟。心理学家想知道，主考人离开教室后，受试的学生是否还玩积木，玩多长时间（他们躲在单向玻璃后面观察这些学生）。

其中一组受试学生，没有因为解答问题而受到奖赏，但从来没有丧失兴趣。另一组学生在部分时间里受到了金钱的奖励，奖励一结束，他们的兴趣也随之结束。德西和同行进行了多次这样的实验，尝试了不同的组合安排，看会出现怎样的结果。结果是，他们每次都发现，大多数外在的激发因素损害了内在的动机。他们也发现，对学生给予鼓励和表扬，他们就能够激发学生的兴趣，或至少保持学生的兴趣，不让它丧失。①

我们如何解释这些差异呢？这些差异在刺激学生学习方面给了我们怎样的启发呢？德西、理查德·迪查姆斯（Richard deCharms）和其他人士从理论上说明，如果人们认为自己受到了外

① Edward L. Deci, “Effects of Externally Mediated Rewards on Intrinsic Motivation,” *Journal of Personality and Social Psychology* 18 (1970): 105－115.

在奖励的操纵，如果他们在行为上丧失了心理学家所称的“起因中心”感，他们就会丧失掉大部分动机。① 换句话说，如果人们把某一行为当做获取奖励或逃避惩罚的手段，那么只有当“他们想要得到奖励并且他们相信此种奖励将会产生于他们的行为时”，他们才会参与那些活动。② 如果他们不想得到那种奖励，或者得到奖励的可能性随后不复存在，他们就会丧失掉对这一活动的兴趣。相反，正如德西所说，“口头赞赏、社会认可……诸如此类，就不大可能让受试者觉得是控制性”行为。③ 看起来关键在于受试者对奖励的看法和态度。

调查者也发现，当受试者认为别人在试图控制他们时，他们不仅学习动机会减弱，成绩也会下降。如果学生仅仅是为了得到好的分数或成为班上的学习尖子而学习，他们的收获就不及他们因为兴趣而学习的收获大。跟出于兴趣的学习者相比，他们解决问题的效率没有那么高，分析没有那么深刻，综合能力缺乏智力技巧，推理逻辑混乱，一般情况下他们甚至不愿意接受出于兴趣的学习者乐于接受的挑战。他们通常选择较为容易的问题，而那些具有内在动机的学生则选择更加艰巨的任务。前者可能会成为某部著作所称的“战略学习者”，主要专注于在学校取得良好的表现，回避任何有损他们学习成绩和学业履历的挑战，但常常不能够对所学知识形成深度理解。而且，由此造成的影响显得非常持久。如果学生是在有形的外在奖励作用下来成功地解答问题，之后失去这样的刺激因素，他们就会继续使用缺乏逻辑和效率的

① 参看 Richard deCharms and Dennis J. Shea, *Enhancing Motivation: A Change in the Classroom* (New York: Irvington Publishers, 1976)。

② Edward L. Deci and Joseph Porac, "Cognitive Evaluation Theory and the Study of Human Motivation," in Mark R. Lepper and David Greene, eds., *The Hidden Costs of Reward: New Perspectives on the Psychology of Human Motivation* (Hillsdale, N. J.: Lawrence Erlbaum, 1978), pp. 149 - 176; quotation from p. 149.

③ Deci, "Effects of Externally Mediated Rewards on Intrinsic Motivation"; quotation from p. 107.

方法，而那些从没受过外在刺激的学生则不会。[①]

甚至有些类型的口头表扬也会对学习造成损害。如果一个小孩经常听到“个人”表扬（“你真聪明，干得这么好”）而不是“任务”表扬（“这事你干得不错”），那么他有可能更加相信智力是固定的，而不是通过努力得到发展的。在获得个人表扬以后，一旦面对挫折，他们对智力的看法有可能导致他们产生一种无能感（“我并不像我曾经认为的那样聪明”）。当研究人员要求这些孩子说说是什么让他们觉得自己很聪明时，他们谈到了那些他们感到很容易而又不需要费力的任务，那些任务他们可以不犯错误地完成，而且比任何人都先完成。相反，他们的同龄人认为，只有通过努力尝试和学习新的知识，才变得聪明。他们说，当对某种事物从不理解到经过艰苦的努力而获得了理解，并从中领悟到了某种新的知识，他们就觉得自己很聪明。换言之，那些对智力有固定看法并有一种无助感的孩子，他们尽量回避那些最有可能帮助他们学习的活动——努力、拼搏和犯错误，只有这时，他们才觉得自己聪明。[②]

这些孩子很可能具有“表现欲”。他们想取得完美的表现或者得到“正确的”答案来打动别人，因为他们想要看起来像一个“聪明人”。他们害怕犯错误。他们时常小心翼翼地计算他们需要付出多大的努力才能赢得适当的表扬，但不会做出比这更多的努力，因为他们害怕被别人看成失败者。依照某些标准来评判，有一部分这样的学生确实表现得非常优秀，但他们取得的成绩仍然主要是为了得到外在的认可，他们并没有达到他们可以达到的高

① 参看 J. Condry and J. Chambers, “Intrinsic Motivation and the Process of Learning,” in *The Hidden Costs of Reward*, pp. 61 – 84; and T. S. Pittman, J. Emery, and A. K. Boggiano, “Intrinsic and Extrinsic Motivational Orientations: Reward-Induced Change in Preference for Complexity,” *Journal of Personality and Social Psychology* 42 (1982): 789 – 797。

② Melissa Kamins and Carol Dweck, “Person versus Process Praise and Criticism: Implications for Contingent Self-Worth and Coping,” *Developmental Psychology* 35 (1999): 835 – 847.

度。相比之下，那些相信通过学习（一种“掌握知识的取向”）而变得更加聪明的学生，他们刻苦学习本质上是为了增强自身能力（达到“学习目标”），而不是为了赢得奖赏。[①] 他们在学习中可能更有冒险精神，愿意去尝试更加艰苦的任务，从而比那些以表现为目的的孩子学到更多的知识。[②]

这些发现对以分数作为奖惩制度的教学文化有什么启示呢？有没有一种方法，既使用打分，又可以不让学生觉得他们受到了评价程序的操纵？我们怎样对有无助感的学生进行最恰当的帮助？卓越教师如何能使学生不为分数而学习？如何激起学生对所学科目的内在兴趣？

一般而言，我们所调查的老师都努力避免给予学生外在的刺激因素，而注重培养他们的内在动机，使学生向具有学习目标和熟练掌握知识的方向发展。这些老师尽可能让学生自己掌握学习的主动权，并对学生的学习表现出强烈的兴趣，对学生的能力给予充分的信任。他们对学生的作业给予非评估性的反馈，强调改进的机会，不断寻找刺激学生进步的办法，避免将学生分成好坏优劣。他们不是鼓励学生彼此竞争，而是相互协作。通常情况下，他们不用成绩分布曲线的方式打分，而是让每一个学生都有机会达到最高标准，获取最高分数。

---

① 参看，如：Carol S. Dweck，“Motivational Processes Affecting Learning，” *American Psychologist* 41（1986）：1040－1048；and Carol W. Dweck and E. L. Leggett，“A Social-Cognitive Approach to Motivation and Personality，” *Psychological Review* 95（1988）：256－273。

② 在20世纪80年代，苏珊·博比特·诺伦（Susan Bobbitt Nolen）研究儿童进行有评注的阅读，注意到如果他们作为有一个为“它自己的缘故”的主要学习目标，（她称之为“任务趋向”），他们很可能在阅读中运用和重视深层处理策略。如果学习者主要是想比班上任何人干得更好，（用她的术语来讲，“自我趋向”），他们经常运用不是很复杂的策略，倾向于涉足肤浅的阅读。参看 Susan Bobbitt Nolen，“The Influence of Task Involvement on the Use of Learning Strategies”（paper delivered at the Annual Meeting of the American Educational Research Association，Washington，D. C.，April 20－24，1987）；Susan Bobbitt Nolen and Thomas M. Haladyna，“Personal and Environmental Influences on Students' Beliefs about Effective Study Strategies，” *Contemporary Educational-Psychology* 15（1990）：116－130。

许多最优秀的老师都采用珍妮特·诺登在医学院上课时的做法：在一门课程结束时根据学生所获得的知识和能力来给他们打分，而不要取整个学期各次成绩的平均值。对诺登及其他老师来说，那意味着每一次考试都是综合性的，要给学生各种机会来展示他们的理解能力；同时也意味着要小心翼翼地设计试题，以便能够全面、适当地考察学生的各种能力。

这种给予学生许多机会展示学习效果的做法，与理查德·莱特（Richard Light）发现的基本要素相类似，他是在哈佛大学对智力上最令人满意的班级进行研究时发现这一基本要素的。莱特和他的同事采访了成千上万名在校学生和离校的学生，询问他们在大学所修的最佳课程的特征。莱特于 1990 年将他们的研究结果写成第一份报告，他在报告中提到，“最受尊重课程的特点”包括“高要求”，但“学生在老师打分前有足够的机会来修正和改进他们的作业，以便从错误中学习”。①

最重要的是，出色的老师通常都不用分数来激励学生学习。相反，他们借助于所教的学科，借助于该学科所提出的问题和学习者所能看到的该学科的前景。在这样做的时候，他们对包含在材料中的问题表现出自己的热情。一位斯拉夫语言与文学教授解释说：“我相信，如果你恰当地选择了你的专业领域，你选择它，是因为它符合了你内心的上帝（我是这样称的）或魔鬼（如果你喜欢这样说的话）的愿望。如果学生看到你全心全意全力地从事此项事业，他们就会作出响应。”

这种方法在老师的教学中随处可见，但可能在许多优秀教师上第一堂课的惯例中表现得最为明显。他们不是向学生摆出一大堆要求，而是讲这门课的前景，讲这门课将要帮助学生回答的各

① Richard Light, *The Harvard Assessment Seminars* (Cambridge, Mass.: Harvard University, Graduate School of Education and Kennedy School of Government, 1990), pp. 8 – 9.

种问题，或者将要帮助学生增强的智力、情商及身体能力。当然，他们也要向学生解释如何实现那些前景——我们许多人称之为“要求”——但他们避免使用“要求”这样的术语，而是选择“前景”这样的词汇。他们邀请学生，而不是命令学生，常常表现出像邀请同事吃饭那样的风格，而不是像法警传唤犯人出庭那样的作风。

教授们既要控制全部课程，又要控制每一门科目内所出现的问题，在这种情况下，能让学生对自己的教育有某种控制感是件了不起的事。但我们的研究对象设法做到了这一点，主要通过帮助学生弄清课程本身的问题与学生可能带到这门课程里来的问题之间的联系，他们做到了这一点。比如，不妨考虑一下，作为科学家和学者，我们是怎么发现令我们感兴趣的种种问题的呢？那些令我们感兴趣的问题往往因为以前的某个问题而显得重要，而以前的这个问题又因为它之前的某个问题而具有重要性，而之前的这个问题的重要性又源于更早时候的某个调查，以此类推，不一而足。我们的学术生涯往往聚焦于比最初激起我们兴趣的主题表面深入好几层的事情上。

我们发现老师们往回朝着事物的表面方向挖掘，在那儿跟学生相遇，重新体验那些问题的重要性，并帮助学生搞懂这个问题令人着迷的原因。他们不是简单地从地下深处他们所处的位置上大喊大叫，要求学生加入到他们在地下采矿的探险中来。他们帮助学生弄清当前话题同某个更大更基础的问题之间的联系，继而找到那些当初激发他们努力学习的“大问题”的共同点。“你怎么会不对有机化学感兴趣呢？”戴维·图林（David Tuleen）说，“有机化学正是生命自身的基础。”

比如，20世纪美国外交史课程通常要在第一次世界大战刚刚结束后的事件上花些时间：伍德罗·威尔逊（Woodrow Wilson）的凡尔赛之行，他为赢得条约的通过及美国进入国际联盟所做的努力，他未能带上共和党领导人同往法国的台前幕后，他同亨利·卡伯特·洛奇（Henry Cabot Lodge）的冲突，联盟投票时参议院内部的不和，诸如此类。这是个引人入胜的故事，好莱坞至少两次将其拍成了走红的电影。它甚至包含有一些经典悲剧的元素——威尔逊命令他的支持者投票反对条约，而不是接受妥协。但是学生对这些话题是否感兴趣，好像总是取决于他们是否对伍德罗·威尔逊的个人传奇感兴趣。瞧，如果他们感兴趣，那你就对了；如果相反，你就吸引不了他们的注意。没有兴趣，一些学生就根本不关心围绕这段历史的任何学术研究。谁在乎呢？他们说。

谁的确在乎呢？为什么在乎呢？历史学家为什么要研究这些事件呢？当然不会仅仅因为它们发生过——许多事件发生过但却从未引起过学者的注意。如果你追溯一下人们对威尔逊巴黎之行最初的学术兴趣（这种兴趣最早出现在第二次世界大战期间），你就会发现，它产生于一系列简单却重要的更为上层的问题：如果威尔逊或任何其他强有力的个人在1919年和1920年采取不同的行动方式，他们能够防止第二次世界大战吗？人类可以避免战争吗？而且，在这些问题的背后还有一个更为基本的问题：人们能够掌握自己的命运吗？或者有某种实用的或其他方面的决定论在支配我们，使我们成为自身命运中不幸事件的旁观者和记录者？甚至使诸如伍德罗·威尔逊这样强有力的个人的可笑行为显得不那么重要？这些都是大问题，这些大问题实际上激起了所有学生的兴趣。在我们所研究的课堂上，我们经常看到的就是这种层次的问题。正是对这种问题——而不是对外在刺激——的追问，才吸引了学生的注意。

最有影响力的老师会帮助学生始终将课程的大问题放在兴趣的中心。加州大学的数学家唐纳德·萨里就援用了被他称为WGAD（“谁在乎呢？”）的原则。他的课程一开始，他就告诉学生，他们可以在这门课程期间的任何一天和课堂上的任何时间自由地向他提这个问题。他会停下来向学生解释，为什么他们此刻正在研讨的材料——无论其多么艰深难懂或微不足道——有其重要性，材料如何涉及这门课程中种种更大的问题。

查尔斯·迪林·麦考密克（Charles Deering McCormick）优秀教学奖得主，西北大学历史学教授南希·麦克莱恩（Nancy MacLean）提供了如下详情："在我所有课程的第一天……我总要花一些时间来讲可能的'收效'，将课程论文或必修技能同他们头脑中的问题或兴趣联系起来。有些人可能觉得这种做法显得粗糙，但我不这样认为。更确切地说，我不在乎它是否如此。这年头，我们都忙得不亦乐乎，忙到对什么都失去了兴趣，除非觉得事关紧要。"她提到她最近所教的一门妇女历史课程，作为例子来说明她是如何这样做的。在教授这门课程期间，她的学生对她谈起一本名叫《规则：俘虏如意郎君的良方秘诀》的书。熟悉这本书的学生人数之众（非正式调查显示，高达学生总人数的85%）令她颇为惊讶，于是她去读了这本书，摘取其中一些章节插入教学提纲，允许学生选择写作有关该书的论文，"尽可能多地使用课程材料，对该书作一个历史分析，把它置于历史背景中，弄懂它的意思"。麦克莱恩愿意改变教学提纲来接纳这本书的内容，有力地说明她对动机的直觉理解：她帮助学生根据她的课程教给他们的分析技巧和历史手段来重新审视一个熟悉的对象。她在她的问题和学生的生活及兴趣之间建立起了牢固的联系。

我们所考察的老师知道智力挑战能刺激学生对他们课程的问题产生兴趣，尽管这种挑战可能会引起迷惑和混淆。有几位老师谈到如何发现新颖的、不相容的、自相矛盾的事物。通过小心翼翼的类比，他们甚至使熟悉的事物显得陌生而又令人感兴趣，使陌生的事物变得让人熟悉。我们发现，这些老师经常讲一些个人的奇闻轶事甚或情感故事来阐明问题，而不是使用纯粹的智力话题和方法。他们中的许多人告诉我们，他们上课总是以看上去学生最为熟悉并为之着迷的话题开始，然后逐步将新的不同以往的内容融入到课程结构中去。有位教授这样解释："这有点像苏格拉底的诘问求证法……你首先提出一个难题，让人迷惑、犯难、思绪混乱。"他接着说，那些迷惑和疑难就会让学生产生问题，之后你就开始帮助他们解开这些难题。

在大量有关人类动机的文献中，人们对三种因素进行了频繁的讨论，这三种因素能够以不同的方式影响不同的人。有些人长于应对挑战，去掌握某门知识，深入某门学科，努力理解其所有的复杂性。这样的人被看做是深度学习者。另外一些人则能对竞赛、夺取金牌作出很好的反应，努力获取机会胜过他人。对有些人来说，这是一种很强烈的动机，但它有时也可能妨碍学习。在课堂上，这样的个体常常会成为策略型学习者，只对高分感兴趣，但很少愿意付出足够的努力来改变他们自己的观念。他们为考试而学习，然后很快就将学过的东西从大脑中删除，以便腾出位置来容纳别的知识。印第安纳大学的生物学教授克雷格·纳尔逊（Craig Nelson）指出："他们是食欲过盛型学习者。"最后，我们还碰到这样一些人，他们主要是努力避免失败，就是文献中所称的"表现型防范者"。在课堂上，他们经常是表层学习者，从不愿意投入足够的精力去深入探索某个话题，因为他们害怕失败。正因为如此，他们采取努力应付的态度，以蒙混过关。他们通常借助于记忆，仅仅努力复制他们所听到的一切。

在一次又一次的采访当中，我们发现了这样一些老师，他们强烈地感觉到学习者的情况有以上不同类型，并认识到，如果他们让自己的感染力来适应不同的学习者，他们就能够影响学生的学习态度。他们意识到，人类能够改变，并确实在改变；而且，他们教书育人的本质能够对改变的进程产生巨大的影响。"表现型防范者”因为缺乏自信而痛苦，因而他们学习的动机可能来自于一种更为强烈的信念，那就是他们有能力学习。最好的老师总是精心地设计学习任务和学习目标，以帮助学生建立自信，鼓励学生，同时又给予学生强有力的挑战和足够的成就感。他们也认识到，有些课堂上的文化因素对食欲过盛型学习者有利，可以鼓励学生注重对知识的反刍和消化。

有位教授告诉我们：“学校教育鼓励许多有前途的学生把学习当做一场要赢取的竞赛。”罗伯特·德·博格兰德（Robert de Beaugrande）最近也对我们说：“‘食欲过盛型教育’（bulimic education）强制学习者进食，喂给他们‘知识’的盛宴，让他们死记硬背，之后用于某些狭义的作业，这些作业分别导向已经由老师或课本决定的单一的‘正确答案’。这样使用过后，所学知识即被‘清除’，以腾出空间来接受下一次进食。因此，‘食欲过盛型教育’只极力强调一种局部的短期的收效，全然不顾任何有可能产生于连续的喂食—消化循环过程中的长远的利益。”①

为了避免这种恶性循环，我们所观察的老师通常力戒求助于竞赛。他们强调跟学生一起努力回答的问题的美、实用性和暗藏的玄机；而且，他们追求问题的答案，而不是简单地“学习知识”。他们向学生作出承诺，然后努力帮助每一位学生尽可能达到最大的目标。更为重要的是，他们期待的比“食欲过盛型学习”要多，他们为学生精心打造和概括描述令人着迷的概念，这些概念阐明作为有才智有教养的人要发展完善的重大意义。他们向学生表明那些具有挑战性的目标，但他们也倾听学习者的心声，倾听他们的雄心抱负，并努力以更为巧妙和更加令人满意的

---

① Robert de Beaugrande, “Knowledge and Discourse in Geometry: Intuition, Experience, Logic,” *Zeitschrift für Phonetik, Sprachwissenschaft und Kommunikationsforschung* 6 (1991): 771–827; and *Journal of the International Institute for Terminology Research* 3/2 (1992): 29–125; quotation from the on-line version at http://beaugrande.bizland.com/Geometry.htm.

方式帮助他们理解那些抱负。有位老师告诉我们："我经常有这样的学生，他们意识不到自己所具有的学习潜能以及他们可以作出的独一无二的贡献。"在第四章，我们将更加全面地探讨最具影响力的老师如何期待学生做得更多，并且如何激励学生来实现这一目的。

以发展的眼光看学习

最后，我们的研究对象认识到，学习不仅影响你所认知的一切，它还可以改变你对认知本质的理解方式。其中许多老师都知道韦尔斯利学院的威廉·佩里（William Perry）和一群心理学家所完成的旨在理解本科学生智力发展的工作。佩里和布莱斯·麦克维克·克林奇（Blythe McVicker Clinchy）以及她的同事提出学生可能经历的四种广义的层次分类，每一层次都有各自的学习概念。在最基础的层次上，学生认为，学习只是跟专家核实对错，得出"正确的答案"，之后把它们记住。[①] 克林奇把这些学生称为"接受型认知者"。她指出，对接受型认知者而言，真理是外在的。"他们可以囫囵吞枣，但没法对真理作出评价，也不能够将其化为自己的知识。接受型认知者就是这样一些学生，他们坐在那儿，手拿铅笔，随时准备把老师说的每一句话都写下来。"[②]

---

① 参看 William G. Perry, Jr., *Forms of Intellectual and Ethical Development in the College Years: A Scheme* (New York: Holt, Rinehart and Winston, 1970); William G. Perry, Jr., "Cognitive and Ethical Growth: The Making of Meaning," in Arthur W. Chickering, ed., *The Modern American College* (San Francisco: Jossey-Bass Publishers, 1990), pp. 76–116; Mary Field Belenky, Blythe McVicker Clinchy, Nancy Rule Goldberger, and Jill Mattuck Tarule, *Women's Ways of Knowing: The Development of Self, Voice, and Mind* (New York: Basic Books, 1986)。

② Blythe McVicker Clinchy, "Issues of Gender in Teaching and Learning," *Journal of Excellence in College Teaching* 1 (1990): 52–67; quotation from pp. 58–59.

他们期待教育按照保罗·弗里尔（Paulo Freire）所戏称的“银行模式”进行运作，在这种模式中，老师们把正确的答案直接储存到学生的大脑中。

许多学生最终发现，专家们给出的“正确答案”各不相同。结果，他们开始相信所有知识都是一件见仁见智的事。这时学生就进入第二个发展阶段。这些“主观认知者”使用感觉来作判断，正如克林奇所说的那样，对他们而言，“如果他们感觉一个概念是对的，它就是对的”。[①] 一切都不过是看法因人而异的问题。这个层次的学生如果得了低分，就常常会说：“老师不喜欢我的观点。”

少数学生最后成为了“程序认知者”：他们学会了遵守学科的“游戏规则”。他们认识到学科为作出评价提供了标准，他们学会了使用那些标准来写作论文。我们通常认为他们是思维最敏锐的学生。然而这种“认知”并不影响他们课后的思维方式。他们仅仅是给予老师想要的东西，而他们的思想、行为和感情方式没有受到太多持久的或实质性的影响。

只有到了最高层次（佩里称之为“投入”）的学生，他们才成为独立的、有判断力和创造力的思想者，重视他们所接触到的观念和思维方式，并有意识地始终如一地努力加以运用。他们知道自己的想法，而且在思维过程中学会自我纠正。克林奇和她的同事发现在最高层次的学生当中有两类认知者：“独立认知者”和“关联认知者”。“独立认知者”喜欢挣脱某一观点，保持客观甚至是怀疑的态度，并总是乐意就此观点进行辩论。与此相反，“关联认知者”总是着眼于他人观点的长处，而不是努力将其彻底否定。韦尔斯利（Wellesley）研究推断说，他们并非“冷

---

① Blythe McVicker Clinchy, “Issues of Gender in Teaching and Learning,” *Journal of Excellence in College Teaching* 1 (1990): 52 – 67; quotation from p. 59.

静的没有偏见的旁观者，他们故意让自己偏心于他们正在研究的事物”。①

根据这种系统，学生并不只是一直向上发展，而是在不同层次之间来回移动，他们可以同时处在不同发展阶段上。在他们的专业领域，他们可能上升到程序认知的层次；而在其他领域，他们可能仍然是接受型认知者或主观认知者。我们有可能听到他们索要他们能够记住的“正确答案”，或者看到他们的表现达不到学科的要求，因此他们会认为所有的观点都是同样站得住脚的。

最优秀的老师主张刺激学生“逐步”改变他们对知识的观念，并对不同层次的学生采取不同的方法。对于难以区别相关知识的接受型认知者，他们通常鼓励其做清晰的思考（关键事实是什么？关键定义有哪些？）。而对主观认知者，他们则让其面对证据和推理的挑战（我们如何认知这一观点？我们为什么接受或者相信此种观点？）。他们向每一位学生教授知识的不确定性（10年前学者们对这一学科是怎么看的？还有哪些仍然需要我们回答的问题？）。对那些已经开始掌握程序认知但对投入不以为然的学生，他们就询问其价值观及其结论的含义。但他们并不将这种因循守旧的经历定量配给学生，而是将所有这些经历和挑战反复教给所有学生，好像意识到，学生的智力成长过程可能不断遭遇挑战，很少是直线发展的。学生的发展是断断续续的，并受益于各种不同层次的再三挑战。有位教授得出结论说：“并非每一个学生都会同时受益于同一组经历，所以我努力给予不同学生不同的挑战。学生所处层次各不相同，因此不会全都在同一时间里表现出色。”

有些老师有意地把关联认知和独立认知的概念介绍给学生，

---

① Blythe McVicker Clinchy, “Issues of Gender in Teaching and Learning,” *Journal of Excellence in College Teaching* 1 (1990): 52 – 67; quotation from p. 63.

并承认两种倾向的价值。他们经常对学生说，尽管自己通常都希望学生成为独立认知者，具有怀疑态度和对抗性，但有时也希望学生是关联认知者，在对事物有比较好的理解之前暂缓作出判断。克林奇认为，男性和女性都可能成为明显的独立认知者或关联认知者，但明显是关联认知者的女性比男性要多。于是她得出结论，“跟女性相比，基于对抗模式的教育方法对男性更为适合，或至少压力要轻些。”① 然而在我们所研究的教师中间，那些了解这些概念的老师，既没有清楚表明接受这些概念，也没有清楚表明拒绝这些概念。

即便如此，最优秀的老师对两类问题均表现出一种特别的敏感性，一是所有学生在这些有时变化莫测且经常令人不安的领域里探索时所面对的问题，二是有些学生所遭遇的特殊问题。他们不会简单地说，“如果有些学生”能以某种方式学习，“那么所有的学生都可以这样做”。相反，他们允许学生有差异性，甚至对学生遭遇新观念新材料时所经历的情感变迁表示同情和理解。他们承认，当学生发现老师的大脑里并不存在事实的真相时，学生可能会产生反感和敌意。他们非常熟悉智力跃迁的过程，所以知道学生什么时候会对老师认为理所当然的概念和问题作出强烈的和发自内心的反应。

成就卓著的老师期待他们的学生有最高层次的发展。他们拒绝把教书看做仅仅是向学生传授正确的答案，把学习看做是简单地记住那些答案。他们希望学生要超越接受型认知者，并且在他们教育和评价学生的方法中反映这一思想。他们甚至非常清楚地区别为学习而学习的学生（程序认知者）和思维方式及推断结论的方式得到永久性改变的学生。

---

① Blythe McVicker Clinchy, “Issues of Gender in Teaching and Learning,” *Journal of Excellence in College Teaching* 1 (1990): 52－67; quotation from p. 65.

有些老师可能把自己的工作看做是教授本学科的事实、概念和程序，我们所研究的老师则强调对重要问题答案的探索，常常鼓励学生运用不同学科的方法、假设和概念来解决复杂的问题。他们经常将其他领域的文献融入自己的教学当中，强调接受教育的意义。他们倡导综合教育的价值，反对在不同课程之间将这种教育分割成碎片。

这并不是说他们没有教授自己的学科。他们照教不误，但通常把重点放在学生的智力、道德、情感及艺术发展上。的确，他们不是简单地思考教历史、生物、化学或其他主题，而是主张教学生去理解、应用、分析、综合和评价证据及结论。他们强调作出判断的能力、权衡证据的能力以及思考自身思想的能力。他们中的许多人谈到培养智力习惯、恰当提出问题、审视自身价值观、陶冶审美趣味、辨认道德决策以及用不同的观点看待世界的重要性。有位科学家解释道："我想要学生理解我们认为自己在这个领域所知道的一切，但我也希望他们弄懂我们是如何得出这些结论的，正在进行的探究是怎样影响这些发现的。我要他们问这样的问题，'为什么我们认为这是事实？我们做了怎样的假设？我们拥有什么样的证据？我们进行了怎样的推理才形成了这样的观点？'同时我要他们问一问自己，我们的结论可能具有什么样的意义。"他们并不强调学生的考试成绩，而是着重改变概念理解和培养高级推理技巧的方法，以及批评性地审视自身思想的能力。

对教学的启示

让最优秀的老师欢呼雀跃的几个主要观点均来自一个基本的事实：人类是富有求知欲的动物。人们在努力解决跟自己息息相关的问题时就在自然地学习。他们逐渐培养起一种内在的兴趣，这种兴趣引导着他们对知识的追求。不过在面对外在的奖励和惩罚时，内在的兴趣可能会遭到削弱，因为外在的奖惩显然是要操纵他们的注意力。这就是问题之所在。当人们相信自己掌握着学习的选择权时，他们最有可能享受到教育的乐趣。

最出色的大学教师会创造出一种我们可以称之为自然的批判性的学习环境，他们将自己希望教授给学生的技能和信息带入到这种环境中，这些技能和信息以学生感兴趣的作业（问题和任务）为载体，这些作业是真实的任务，它们将唤起学生的求知欲，挑战学生重新思考自己的假设，审视自己对现实的思维模式。他们创造一个安全的环境，在这个环境中，学生可以进行尝试、遭遇失败、接受反馈和重新尝试。学生能够理解并记住他们所学过的知识，因为他们能够掌握并运用必要的推理能力来将其融入到更大的概念之中。他们懂得这些观点和信息的意义和运用。他们从智力方面衡量自己所做的工作，并认识到衡量自身工作的重要性，而且在这一过程中，他们习惯性地应用不同学科的智力标准。他们不再是亚里士多德学派的物理学者，却转而成为牛顿学派的物理学者，因为他们终于愿意怀疑自己了。

三　卓越的教师是如何备课的？

在你准备上课之前，花几分钟时间考虑一下你打算问你自己一些什么问题。我23岁那年成为一名教学新兵，准备去教授我的第一门大学课程（“美国内战史概论”），我在一个信封的背面潦草地写了四个问题。多年后我在一个旧笔记本里看到了年轻时写有问题的那个小信封，发现自己当年的提问显然过于简单：教室在哪里？我将使用何种课本？我需要讲哪些内容？我要给学生几次考试？

此项研究启动之时，我们同老师们玩了一个游戏：假如现有大学课程都不存在，需要你来发明它们，你会问自己一些什么问题？他们提出的一系列问题自然比我当年的提问要丰富得多，并且尽管学科不同，但他们的问题彼此惊人地相似。不过对这一结果进行研究时，我们意识到，他们并非简单地罗列他们所记住的好的做法。相反，他们的相似之处起源于更深层次的基础，起源于“教和学的意义是什么”这样一些基本的概念，正是这些基本概念决定了他们为任何学习作准备的方式。就像一朵花可以反映其种子的遗传密码，他们的提问起源于那些基本的概念。如果我们想获益于他们的洞察力，我们必须既了解花朵，又了解其遗传密码。

大多数教师有关教学的思想核心集中于老师需要做什么，而不是学生应该学什么。在这个标准概念里，教学就是老师对学生所做的事，通常通过向学生传授该学科的真知来完成。这就是有些作者所称的“传输模式”。我在1965年一定是秉持这一观点的，因为我提问的局限性只有从这个观点来看才有意义。

相比之下，最杰出的教师把教学看做他们可以做的任何得以帮助和鼓励学生学习的事情。教学就是让学生参与，就是设计一个让学生可以学习的环境。同样重要的是，他们把创造那样一个卓有成效的学习环境看做是一种需要引起学术界精英人物关注的重要而且严肃的智力（或艺术）行动，甚或是一门学问。[①] 对我们所研究的老师而言，那种学问集中于四个基本的问题：（1）作为学习的结果，我的学生应该能够在智力、身体或情感方面培养何种能力？（2）我如何才能最好地帮助和鼓励他们发展那些能力以及养成使用那些能力的心智习惯？（3）我和我的学生怎样才能最为有效地理解他们学习的特征、品质和进步情况？（4）我如何评价自己为促进他们的学习所做的努力？

我们不妨看看一系列叫人关心的事情。第一个问题吸收了人们对学科特征或艺术形式的重要思考。这是一种针对学习的意义而展开的认识论研究，超越了一些模糊的术语，那些术语经常是对学习目标的胡乱讨论（此类术语包括“学习材料”、“批判性地思考”、“攻克科目”、“对话题感到舒服”、“将其提升到更高

① 欧内斯特·博耶（Ernest Boyer）1990年的著作《重新考虑学术成就》（*Scholarship Reconsidered*）已经推广教学就是学术活动的观点，但是在那本书问世以前很长一段时间里，许多教师用一个重要的区别来反映出它的中心思想。博耶的文章和很多随之而来“教学乃学术活动”的观点暗示了教学非常重要，因为它是学术活动的形式，几乎“学术活动”这个词本身就给帮助别人学习的行为提供了价值。然而，对我们研究的老师而言，教学之所以重要，不是因为它是学术活动，而是它能为别人以及世界上的智力（有时是艺术）发展之路作出有意义的贡献。教学活动需要学者（在某些领域里，是艺术家）的关注，因为它涉及严肃的智力（或艺术的）成果，那些学者（或艺术家）准备贡献的思维方法常常是独一无二的。现在依然称为“教学学术活动”的见解意识到知识分子在教学中的重要作用，同时避免了关于教学活动是否与发现知识及其推广同样重要的愚蠢争论。

的层次")。在试图对这些传统语言可能的含义进行定义时，富有成效的老师经常讨论他们希望学生在智力上"做"什么，而不是学生应该"学"什么。然而其他几个问题，概述了大多数学科并不研究的内容，因而取决于学习研究和理论的规模与发展。

"教促进学"和"教学要求严肃的智力劳动"是两个非常有影响力的观点，这两个观点在下述我们听得最多的 13 个问题中显而易见。

1. 我的课程将帮助学生回答哪些大的问题？或者说，我的课程将帮助他们培养哪些技巧、能力及素质？而且，我如何鼓励学生对这些问题和能力感兴趣？

这里涉及两个重要的原则。第一，最优秀的老师会做逆向计划，他们从自己所希望促成的结果开始。他们问自己是否想要学生具备回忆、理解、应用、分析、综合或评价的能力。有时他们集中精力于学生应该准备加入的各种谈话以及谈话的对象（其他学生、受过良好教育的公众、决策者、研究者等等），学生应该学会回答而不必求助于死记硬背的各种问题，或者学生应该逐渐养成的人的品质。有位教授告诉我们："我可能在一开始就尝试着写下本门课程将要处理的最大的那个问题。之后我会列出一系列学生需要探索的其他问题，这些问题是为解决那个大的问题服务的。"老师们常常敦促自己往较高的层次发展，抛弃他们最初提出那个"大"问题时所做的努力，问自己，"为什么要提这个问题？"有时他们也将自己推到重大哲学问题的最前沿（"人类能掌握自己的命运吗？"）。

第二，问题在于，如果老师期待某种结果，学生必须相信或最终相信自己想要实现相同的目标。我们发现了这样的老师，他们思考自己如何才能帮助学生理解摆在他们面前的学习任务的美和快乐。他们经常谈起他们如何激起学生的兴趣与好奇心。他们计划的一个重要部分着重于第一次上课时他们能做什么，以赢得学生对所学课程各种目标的投入——也就是说，他们可以作出什么样的智力承诺。

2. 学生必须拥有或发展什么样的推理能力，才能够回答本门课程所提出的各种问题？

由于最优秀的老师重视使用证据来得出结论的能力，他们对学生的期望远远超出对正确答案的死记硬背。相反，他们想知道如何帮助学生推理出正确的答案。他们想知道：历史学家、物理学家、化学家或政治学者是如何思考的？学生必须拥有哪些抽象的推理能力来理解本学科的某些至关重要的概念？在阅读或解决本领域的问题时，学生会在哪些方面可能遭遇较多的困难？我怎样鼓励他们集体努力，磨炼他们的推理能力？我如何才能提供一系列将会鼓励学生改进推理能力的经验？

3. 学生可能有什么样的课前思维模式是我希望他们质疑的？我怎样帮助他们提出那种理性的质疑？

在珍妮特·诺登看来，弄清哪些基本概念妨碍了学生对各种重要观点的理解是非常重要的，而且要详细地说明她希望学生将要获得的新的思维模式，要知道她怎样才能确定学生是否已经获得了那些新模式，或至少理解学生在接受那些模式时所面对的问题。她精心设计出挑战学生原有假设的方法，将学生置于种种强制性的环境，使他们现有的思维模式不能发挥作用。

4. 我的学生需要理解什么样的信息来回答本课程的重要问题，并质疑他们原来的假设？他们如何最为有效地获取此种信息？

涉及上述问题时，老师们才开始考虑类似“我需要讲哪些内容”这种常见问题。这个问题应始于学生需要学什么，而不是老师打算教什么。重点仍然是帮助学生学会推理或创造，学会使用新的信息，而不是告诉学生他们必须知道和理解的一切。

这个问题在很大程度上也对传统的学习观念构成了挑战。有些老师谈起知识，就好像知识是他们“传递”或“转让”给学生的东西，他们几乎就是打开学生的大脑，把知识灌了进去。所以很自然地，他们把精力放在找出一种他们自己觉得最有道理的对问题的解释，而非去找一种能够帮助和鼓励学生去构筑自己的解释、去推理、去得出结论、去行动的解释。但是，在这个问题所包含的模式中，学生在学习过程中变成了主角。他们获得信息，逐步理解信息，并学会使用信息。拉尔夫·林恩总是说：“我在课堂上做什么并不重要，因为你学习的唯一方法就是阅读和思考。”

事实上，林恩和其他老师确实仔细地思考过他们在课堂上应该做什么的问题，而且这个问题极大地影响了他们的选择。有时他们觉得需要对学生解释某些知识；另外一些时候，他们教学生如何更为有效地阅读，或要求学生彼此之间就一些知识要点进行解释。而更多的时候，他们帮助学生通过在阅读作业中遇到的观点和信息学会推理的能力。之后，老师在课堂上做什么的问题就往往变成了下述问题：“我可以阐明哪些关键的信息或概念来为学生搭建一个基础（脚手架），让他们能够继续获得自己的理解？”（这个问题要比“我需要讲什么”内容更为丰富。）简而言之就是：我们可以在课堂上做什么，以帮助学生在课外进行学习？

5. 我如何帮助那些有困难的学生来理解各种问题，并帮助他们使用证据和推理来回答这些问题？

有些最优秀的老师可能会设计各种解释。还有些老师可能会设计一些问题，来帮助学生把注意力集中在重要的问题上，澄清概念，或者强调学生在其他情况下可能忽视的假设。许多老师考虑他们可以让学生写点什么，来帮助和鼓励学生掌握重要的观点和假设，理解其含义，并学会运用。我可以向他们做哪些说明？给他们讲哪些故事？除了我的意见之外，他们还需要听什么样的意见？我如何辨别出哪些学生在发展必要的推理技能方面有困难？我怎样创造出一个环境，让学生能够共同推理、相互挑战？

这些问题看起来可能只对差生比较适用，但事实并非如此。他们同样非常适用于那些考高分的学生。有位老师告诉我们："有些学生在学校表现很好，但仍然没有拥有好的理解能力、思考能力及思考自身思想的能力。我一直在努力琢磨怎样把他们从表现型的学习层次提高到较深的和更有意义的学习层次上。"我如何才能帮助那些学生，甚至最为出色的学生提高理解能力，改进推理能力，并把握学习的本质呢？杰出的老师认识到，教学材料有时会引起情感冲突，阻碍非常聪明的学生做出好的表现。

6. 我将怎样让学生面对相互矛盾的问题（甚至是相互冲突的有关真理的主张），并且鼓励他们努力（可能是协作）解决这些问题呢？

有些老师教书时，基本上把他们的学科当做是一大堆学生必须记忆且永不变更的事实。在教授自然科学的老师当中，此类观念最为强烈（"没有什么商量的余地，有些事实学生必须学习。"），但也有历史学家和社会科学及人文科学的专家秉持这种观念。这第六个问题来自这样一些老师，他们对自己所研究的领域，或至少对该领域的学习方法，持有跟上述观念大相径庭的看法，这些看法强调已经建立并不断修订的学术性知识的本质特征，以及帮助学生形成自身理解能力的重要性。

尽管如此，自然科学家和人文学者对这一问题认识的形成并不相同。例如，人文学者提出这个问题，是因为他们看到相互冲突的有关真理的主张都争着要得到人们的重视和承认。自然科学家提出这个问题，是因为他们相信，当本学科努力探索自然时，新近的和更好的信息不断地对理论和数据进行更新。他们提出这个问题，也可能是因为他们绞尽脑汁想要找出他们已经发现的"真理"的含义和可能的应用，而且他们想要学生参与到这种对话中来。

不管是出于什么原因，最优秀的老师想方设法地将这些冲突置于他们的课程结构当中。有时他们教学生辩论，让观点相互对立的学生在做阅读作业时结成一对。他们可以通过审视引导我们迸发智慧火花的早期观点，来帮助学生理解最近的科学结论。这些老师总是帮助学生关注学科的发展过程中那些意义重大的思想转折时刻，并使学生对当时的那些争论感兴趣。有位老师曾提出一个非常有趣且概念丰富的问题，然后跟学生一道努力，帮助他们提出一个假设来回答这个问题，并同他们一起审查支持这一假设的证据，鼓励他们提出更多的采纳这一证据的推测。通常的情况是，老师们帮助学生努力掌握科学真理的含义和应用。比如说，有些老师要求学生每天带两个问题到课堂上来，之后利用那些问题展开批判性的讨论。

还有一些策略上的考虑。我怎样才能最有效地推动这些讨论和协作？我如何将班上的学生分组或鼓励他们分成什么样的小组？我是把同种类别的学生分成一组，还是按照每组成员多样性的原则分组，或者是让学生自己分组呢？我需要布置团队作业来帮助建立各小组的内聚力吗？如果我让学生自己分组，我该怎样帮助那些不太自信的学生找到自己的位置呢？

7. 我如何了解学生已经知道什么，并了解他们期望从本课程得到什么？我怎样调和我的期望和他们的期望之间的差异？

任何一位教师都会面临两难境地。一方面，我们知道当人们努力去回答自己的问题时学习效果才会最佳。然而一般情况下，是老师，而不是学生，控制问题、安排教学日程、设计课程表、决定课程内容及目标。之所以这样，是因为老师作为他们各自领域的专家，更清楚地了解学习本学科可能需要掌握什么。这第七个问题将通过寻找和探索教师和学生之间的共同点来努力调和这些相互冲突的要求。

那么我将如何在学期初调查学生对各种特定问题的兴趣呢？我能否在开学前使用因特网收集此类信息，或是在上第一节课时分发索引卡来问学生他们想知道什么？我需要开一张本课程将要涉及的重大问题的清单给学生并请他们标出对其中哪些问题感兴趣吗？

我怎样才能激励学生提出好的问题并管理好自己的教育？我能否让学生相互谈论他们各自不同的兴趣，并以他们的讨论为基础来激发他们更为广泛的好奇心（求知欲），以便我建立起一个兴趣相同的学习团体呢？我如何帮助学生看到他们自己的问题和我为本课程所选择的问题之间的联系呢？比如说，我能够将本课程的问题同那些已经引起学生兴趣的较大的问题联系起来吗？

许多最优秀的老师甚至走得更远，他们问自己：我是否准备好为了与学生保持协调而对每一节课甚或对整个课程作出改变吗？我如何挑选那些对学生最有意义的例子呢？我愿意根据自己对学生兴趣和知识的了解而在课程进行当中不停地对其作出调整吗？比如改变考试、变更作业以及调整我们在课堂上所做的一切？我能从一大堆要学的知识中挑选出学生最感兴趣的那部分来教吗？

8. 我将怎样帮助学生学会学习，学会审视和评价他们自己的学习和思考，学会更为有效、更加活跃地进行阅读，并在阅读时更加擅长分析？

我们所研究的老师通常都认为，他们有某种重大的责任去帮助学生成为更加出色和自觉的学习者。他们的这种努力部分集中于刺激学生对学习作出思考，以及思考应用本学科的标准和程序进行思考的意义。我能向学生示范一下我是怎样学习和解决本学科的问题的吗？我能提供一些建议和窍门，使学生能够对重要的概念作出理解并且记住他们所理解的内容吗？我怎样提出各种问题来激励学生思考学习的意义以及思考他们如何改进自己的学习和思考呢？

我们发现，在成就非凡的老师当中，有一种帮助学生在本学科领域学会阅读的强烈愿望。之所以出现这种愿望，部分原因在于正确的阅读策略因学科不同而不同。上述愿望的出现还因为老师们认识到，尽管学生在接受教育的过程中，阅读的复杂程度逐渐增加，然而大多数学生在完成低年级学业之后很少能够得到正式的阅读训练。所以，出类拔萃的老师期待学生可能提出一些问题，这些问题包括如何阅读本领域知识的建议或是强调独特分析的策略。本课程的阅读材料有什么与众不同？我怎样将这种阅读解析成可识别的各种策略？有些老师设计了种种练习，让各组学生在这些练习中相互协作，努力搞懂复杂的课文。

我们也发现，老师们坚定地希望以这样的方式来设计课程，那就是鼓励学生学会如何学习以及如何从他们的错误中得到益处。这种希望引出了下面的第九个问题。

9. 在对学生作出评价之前，我如何弄清他们是怎样学习的？我如何在给学生评价之前给他们提供一种不同于评价的反馈？

因为许多老师认为他们的主要责任是挑选好的学生，他们遵循一个简单的做法：先教（通常意味着以口头解释或讲课的方式提供正确的答案），而后给予评价。而一个与上述做法完全不同的关于教学和学生的概念催生了这第九个问题，这个概念是理查德·莱特发现的，这一观点在哈佛大学他所认定的成效显著的课程中得以体现。因为最优秀的老师认为大多数学生有能力学习，所以他们寻找可以帮助所有这些学生学习的办法。他们问，怎样才能创造一个没有威胁的环境让学生能够大胆地思考。老师们想方设法给予学生机会，让学生去努力搞懂自己的思想而不用面对别人对他们的努力所作的种种评判，让学生去尝试，去遭遇失败，之后接受老师对他们的努力所作的反馈，在面临任何“打分”之前再次尝试。

正如这第九个问题所认识到的那样，传统的打分方法仅仅代表一种设想，以检查别人的思想和行为并将其智力成果进行广义分类（比如分为 A、A－等类别），事实上这是一种对学生行为的品质和缺陷均缺乏深入了解的手段。现代的打分体制——用一个分数或字母评判某人的学习——在高等教育中当然是一种相对较新的发明。它只在 20 世纪比较盛行，因为在一个日益复杂和技术化的世界，寻找证实能力的方法成了当时的一种文化。在这个体制中，老师起着双重作用，首先，帮助学生学习；其次，告诉社会学生学到了多少。这第九个问题的意图就是要辨认这两种责任的差别，并重新确认第一种责任的首要位置。因此，它主要是寻求途径给学习者提供反馈，而不是简单地对他们的努力作出评判。

我可以跟学生进行什么程度的互动呢？除了批改他们的作业外，我有时间跟他们逐一谈话吗？我应该多久和他们见一次面？我能给予他们什么帮助？如果我不能跟每一位学生单独见面，那么我可以跟他们分组见面来查明他们的问题，了解他们的学习和思考方式以及他们对课程所作的反应吗？我可以安排学生相互给予有意义的反馈吗？我该怎样来帮助学生提高这种交换意见的质量？我能安排别人（比如研究生或上一学年修过这门课程的学生）来提供反馈的信息吗？我可以利用上课时间让学生分组解决问题，然后对他们整组作出反馈吗？

10. 我将以何种方式跟学生交流以让他们不停地思考？

这个问题有可能导致人们对讲课风格和授课内容的研究（该主题将在第五章更为详细地探讨），也可能让人关注与学生进行的任何形式的交流，包括简短的解释、适度的讨论以及口头授课。这个问题还可能引导有些人去审视分享观点和信息的其他替代方法，比如书面形式、因特网、电影或录像。最为重要的是，这第十个问题强调刺激学生参与和集中注意力，而不着重老师本身的表现如何；只有刺激学生思考，交流才会成功。

我怎样保持一种谈话的语调但仍然能让所有的学生听到？我如何避免单调的语气？我怎样让声音、节奏和音色富于变化？我什么时候应该暂停来倾听学生发表意见？有没有可以吸引学生注意且具有煽动性的解释或问题？我的肢体语言能够表达与口头语言相同的意思吗？有什么样的直观教具可以更好地吸引学生？我需要在课堂上发一些书面材料给学生吗？我选择什么时间发放那些材料以产生最好的效果来帮助学生集中注意力？我什么时候该停止讲话而让学生相互交谈或者阅读我为他们准备好的材料？我在黑板上书写时如何避免背对学生说话？我怎样做到言简意赅？在哪些方面我可以避免语言上的凌乱？我如何强调知识要点？我需要重复哪些内容，并以何种方式重复才不让学生觉得乏味？

我们的研究对象（即成为我们研究对象的老师）通常希望促使学生进行深度学习，而不是停留于表层学习或策略型学习，帮助学生更好地思考，并鼓励学生努力解决各种重要问题和理解各种概念。当他们准备跟学生沟通时，他们总是记着这些目标，并让这些目标来引导他们与学生进行交流。

11. 我如何详细说明用于评价学生学习的智力标准和专业标准？我为什么要使用那些标准？我怎样帮助学生学会利用那些标准来评判自己的学习？

保罗·特拉维斯认为："如果学生不能学会判断自己作业的质量，那么他们就没有真正地学习。"另一位老师告诉我们："评判成绩是否优秀的标准恰恰是表明学习意义的一种方式。"我如何指导学生来仔细地审视他们的思想和推理？我怎样帮助他们理解、欣赏和采用本课程希望他们拥有的良好推理能力的标准？我又怎样引导他们将他们在本课程的推理方式同他们在其他课程或情境中的思维方式进行比较？

12. 我和学生应该怎样透彻地理解他们学习的特征、进步的情况及学习的质量？

请注意，这个问题并没有问老师要给学生多少次考试，或老师该怎样去计算学生的期末考试成绩。它探讨学生的智力发展情况，而不仅仅是他们在完成作业方面表现如何。学生理解知识的方式怎样才能最为有效地表现出来？我们如何知道他们的推理方式？问自己这第十二个问题的老师都期待学生理解他们自己的学习。他们甚至可能希望学生帮忙设计出了解自身学习的途径。当老师和学生彼此倾听时，师生之间就开始有了信任。

13. 我该怎样创造出一个自然的批判性的学习环境，将我希望教给学生的技能和信息以他们感兴趣的作业（问题和任务）的方式传授给他们？（这些真实的任务将会唤起学生的求知欲，刺激学生重新思考他们原有的假设并审视他们对现实世界的思维模式。）我如何创造一个可以让学生去尝试、失败、接受反馈并且再尝试的安全环境？

前面所有的问题均以这个关键的问题为中心，来强调如何最为有效地帮助和鼓励人们学习的概念。对极为优秀的老师来说，这个问题常常导致一个非常真实且令人着迷的挑战学生思想的计划。该计划成为课程的主要特征，但老师们不是仅仅把它当作业布置下去，而是将其拆成几个细小的但仍有意义和趣味的部分，自始至终地致力于帮助学生将注意力集中在更为广义的学习目标上。

1977 年的夏天，查德·理查森（Chad Richardson）来到得克萨斯州最南端的格兰德河下游流域，开始在泛美大学教授社会学课程。在得克萨斯大学奥斯丁校区完成他的研究生学业后，他就热心地向别人介绍他所修专业令人兴奋的地方。在他执教的泛美大学，大多数学生是本地人，四分之三的学生为墨西哥血统，说西班牙语。他们有丰富的文化传统，但按照世俗的标准来看，他们通常缺乏必要的学术技能，不可能在大学里取得好的成绩。

少数学生来自沿河一带农业经济比较繁荣的家庭。然而大多数学生在贫困线上挣扎，而且许多学生来自伊达尔戈县 10 万个流动的农场工人家庭，这些工人的劳动创造了本地区的财富，自己却很少从中受益。但这些学生都是先行者，他们常常是家中第一个读大学的人，而且有时是第一个懂点文墨的人。泛美大学本着开明的招生政策，大幅降低高考录取分数线，从各种等级的中学招生，但仍然无法吸引很多学生前来报到注册。

在这个地处两种民族文明的边缘而且对其中任何一种文明都感到不太适应的边境地区，墨西哥裔美国人（Hispanics）珍视传统和文化，却常常发现自己成了那些小气的漫画嘲讽的对象，那些漫画轻视他们的习惯、语言和血统。当地有 20% 的人口原籍不是墨西哥，当地居民把他们称为非墨西哥裔美国人（Anglos），他们有时感到很孤立，觉得跟当地文化比较疏远。尽管如此，他们作为一个群体，却有着占绝对优势的经济和政治实力。

理查森要他的学生考虑一个中心的问题及其所有重要的含义：社会如何影响人类个体的行为？那种影响力比每个人个体的生物学的力量要大吗？他说，许多来听课的学生确信人类行为仅受内在力量的支配。他努力寻求一种认为社会学力量可以影响人类生活的观点来取代他们的观点。同时，他要求所有的学生，包括墨西哥裔和非墨西哥裔学生，运用移情来理解他们生活环境中的不同文化传统，而且从他的课堂上学会更多的能力——以及对这些能力的信心——去进行社会学意义上的思考，并同别人交流他们的思想。那意味着他们不得不学会归纳和演绎这两种思维——从各种特殊的例子中建立起一种对重要社会学概念的理解，再利用那些概念去理解各种新的情况。

这是一个苛刻的要求，但是理查森找到了解决办法。他觉得自己对合乎自然规律的学习比较了解，而且他相信故事的力量。

他曾经思考孩子学母语的方法，认识到孩子学会母语靠的不是记忆各种规则，而是“从众多的例句中归纳出各种句型”。在社会学方面，他总是让学生在做最初的人种学研究时遭遇大量的例子，帮助他们收集故事。这些故事来自朋友、亲戚，以及生活在边境两侧的其他人员，包括雇用无证明文件的墨西哥工人的雇主、帮助这些墨西哥人进入美国的走私犯、逮捕“非法移民”的移民局官员、发现自己在格兰德河下游流域的中学里属于极少数的非墨西哥裔美国人、不懂西班牙语的墨西哥裔美国人及其他各种人员。

上课的第一天，他把课程提纲发给学生，并为他们的研究计划开了一个循序渐进的处方。该处方对学生发出邀请，而不是命令，避免使用要求之类的语言，并在语调上给予积极的期待（“你将会……”）。在接下来的日子，理查森为学生提供了大量的训练，指导他们如何进行采访，如何发现典型，如何就他们的经历写报告。在课堂上，他讲述重要的社会学概念，之后让学生分组来运用那些概念，并就他们的努力结果作出报告。不过他不是“说教”，而是让学生参与讨论，利用他们的经历来帮助他们理解那些基本的（重要的）概念。

尽管学生对这种真实的任务作出了很好的响应，但它依然带有强烈的学校作业的味道。1983 年，理查森开始改变这种状况，为学生提供了一种真实地展示他们努力的机会。他着手对学生的人种学研究进行记录和存档，并同一家地方报纸协商，安排发表学生收集到的一些故事。他也让新来的班级学生分享这一努力，允许他们看一看先期学生所取得的成果。

起初，学生有时对这种作业感到害怕，可一旦看到别的学生做得那么好，他们就更加愿意尝试了。这项研究计划使他们自己的文化和区域富有意义，他们参与该计划后，变得自信了。学生的写作能力显著提高；阅读理解能力，对社会学概念的理解能力，观察、分析及综合能力都明显增强。理查森总结说："通过各种事例的引导来得出结论，与简单地学习一个概念及一两个对其进行说明的例子相比，学到的东西要牢靠得多。"当学生报告说他们对自己理解复杂概念的能力、应用复杂概念的能力、收集和分析数据的能力以及表达思想的能力更加充满信心时，他们的自尊心就增强了。越来越多的学生读上了社会学和其他学科的研究生，他们中的一位学生后来还当上了得克萨斯农业和机械大学的社会学系主任。1999 年，理查森和他的 350 名学生在得克萨斯大学出版社出版了一本作品集。①

对理查森来说，最大的成就莫过于他的一大群经历了"丰富的区域文化传统意识苏醒"的学生。他总结说，那种经历使人们"更能接受多样性，增强历史'地位'感，提升自尊心"。

当年，理查森来到该流域，希望一边教书（每年教授8 至10 个班），一边继续他自己的研究。他没有看到二者之间有什么冲突，而是发现研究和教学都跟学习息息相关，并且探索了老师的学习和学生的学习相互受益的方法。

在罗得岛设计学校，园林设计、建筑学和工业设计专业的学生传统上要完成个人的设计作业，提交给老师打分。查利 · 坎农（Charlie Cannon）指出："大部分工作（包括学校作业和专业设计）是以线性方式完成的。建筑设计师尽自己的本职设计出图纸，之后把图纸传给园林设计师和工业工程师，但在整个过程中，这三者的观点很少发生整合。"他和他的同事们希望帮助学生学会协作，整合不同学科，超越各自专业领域界限，他们甚至帮助界定新的方法，从专业角度考虑在多大范围内公共项目可以做成——如今这些观点受到了关注，并如何将不同的意见转化为

① Chad Richardson, *Batos, Bolillos, Pochos, and Pelados: Class and Culture on the South Texas Border* (Austin: University of Texas Press, 1999).

具体的计划。他想要学生学会在他们的设计中考虑环境、社会、经济、社区和政治问题。

坎农创建了创新工作室，这实际上是一门专为本科生和已经毕业的工业设计师、建筑设计师及园林建筑师开设的课程，在这一课程中，坎农作了几项关键的决定，这些决定基本上改变了教育的体验。第一，坎农把自己的角色从某种最终结果的裁判者转变为促进者和面对面的教练。第二，他安排学生协同作战，攻克大而复杂的设计，不断地分享各自研究领域的思想和信息。他们所学的一切知识都被融入到对某一有趣的集体目标的追求之中，这是一种真实的亲身实践的体验。第三，他帮助学生从事多种社会、经济、环境、社区以及政治问题的研究。最为重要的是，尽管他已经为学生选择了研究计划，但他最终让学生自己控制他们的课程和作业。

为了把控制权交给学生，坎农精心挑选了一个“令学生感兴趣”的研究项目。在上课的第一天，他努力帮助所有学生理解他们将要面对的紧迫的时间要求和该项目需要协作才能完成的本质特征。同时他强调，他们的工作是真实的，而且影响深远。他们提出的想法可能在真实的项目中得到实现；更为重要的是，由于他们对不同专业的协作进行了开拓性的探索以及对多种观点给予了考虑，他们将会赋予职业新的形式。最后，他让他们自己决定是否参加这种要求苛刻的，“常常叫人精疲力竭的”，但回报丰厚的体验。

在整个学期的进程中，坎农继续不断地把权力移交给学生，直到“他们拥有所有权”。首先，他详细说明他们必须实现的目标，但随后，他让他们自己控制实现目标的手段。他邀请学生自己挑选某个他们将要全面探索的题目（“从大地艺术到各种技术解决方案的任何内容”）。在学期余下的时间里，每个学生都成了某一话题的顶级专家。坎农解释说：“如果我们需要了解响尾蛇的迁徙方式，我们知道谁能告诉我们。”学生一旦完成了他们的研究，就向全班报告，相互质询，并把他们的研究结果整理到几个大黑板上，继续展览。

因为合作研究让学生们耳目一新，所以坎农不断地强调他们必须扮演不同的角色：推进者，抄录者，确保每位学生都参与讨论的人，“留意群体感情趋向”的人。他强调学生必须彼此尊重各自的研究，并提醒学生，他们“处境相同”，都在研究他们所知甚少的课题。

在图书馆和教室里过了四个星期之后，学生到研究项目的现场——比如，老师提议要去的位于纽约港的废物处理工厂——进行视察。之后他们参观了其他几个相关的场所：市区的垃圾站、废物利用中心和专门利用回收材料制造产品的工程师的办公室。坎农说：“他们以书本为基础的学习突然之间同地面上的脏物联系起来了。”他们开着车在附近地区到处转悠，从电话簿里查看这一地区的商业分布情况，研究城市分区鸟瞰地图。在旅程的末了，坎农另外邀请了 6 至 12 人——社区积极分子、环保人士、城市规划人员、建筑师、艺术家以及来自其他学校的学生——加入他们，就可能的解决方案进行为期两天的自由讨论。他要学生“详细说明尽可能多的”可行的方法，“沉浸在争论中而不急着得出结论”，并且只在最后一天思考所有的结论（或暗示），将他们的想法融合成一大堆闪光的观点。坎农解释说：“学生受到鼓励去发展那些在自然法则上尽可能互不相同的概念，结果他们能够开始认识到，没有哪个方案是解决问题的唯一方案。”

之后到了总体规划阶段。坎农解释说：“在这个时候，我把他们锁进房间里说：‘到目前为止，我们的想法不可能都是正确的答案。我们需要改进设计思路或设计宗旨，以攻克这个难题。所以我要你们提出那些想法，来决定我们工作室的研究方向。’我要求他们设计出工作室的研究计划，之后我就离开了房间。”

在这种关键时刻，学生设计出他们将在本学期余下的几个星期里要集体解决的问题。“现在决定权交到他们手里了。他们突破了我设定的有局限性的问题，对它进行了重新设计，并清楚地界定了工作室的目标。”最后，他们同外来的专家再次交换意见，选择他们各自要去努力完成的“总体叙述”的个人任务，并且彼此分享他们的成果。

这些学生并没有达到一个设计工作室的许多传统的标准。他们没有时间设计出更为传统的工作室可以大量炮制的完美作品。但是他们学会了如何协同工作，学会了如何研究和考虑许多相关的问题，包括环境问题，学会了怎样权衡多种观点以及如何界定问题的本质。坎农将传统上课程应该做什么、学生应该学会什么的做法抛到一边，重新定义了他希望学生从课堂学到的东西，之后创造出一种体验来促进那些目标的实现。

成就卓著的老师为他们的学生设计更为理想的学习体验，部分原因在于他们把教书看做对学习的促进。他们做任何事都出自于他们对学生发展的强烈关注和理解。他们很少盲目地遵从传统，知道在什么时候对传统的课程进行改造既是必要的又是可能的。上述 13 个问题可以帮我们记住在计划一门课程时该问什么，但是如果我们指望从优秀教师的实践和思考中学到东西，我们不能止于成为老套的专家，必须对任何模式进行应用和完善，哪怕这种模式是从最优秀的老师那儿继承下来的。我们必须使用他们的方法来帮助理解有效的学习环境和适应能力，并作出专业性评估，以抛弃约束思想的常规做法，寻找更好的解决方案。

四　卓越的教师对学生有什么期望?

克劳德·斯蒂尔（Clande Steele）曾碰到过我们许多人在课堂上要面临的一个问题。这位斯坦福大学的社会心理学家了解那些叫人无法接受的成见，说什么非洲裔美国人和墨西哥裔美国人在大学里一般都不出色，还说妇女学不好数学和物理。他也知道国家统计数据支持那些偏见，说非洲裔美国学生和墨西哥裔美国学生与其他学生相比入门课程考试的及格率要低得多，而且很少有妇女能成为数学家或物理学家。但是斯蒂尔拒绝接受这种带有性别歧视或种族歧视的令人不快的说法。

他知道，长期存在的种族歧视、性别歧视、种族隔离及各种歧视已经在人们心中打下了烙印。那些反复听到别人说他们在某种活动上（比如在学习上）差人一等的人经常会决定中途退学，到别的领域去营建他们的生活。更有甚者，美国黑人和墨西哥裔美国人的孩子比欧洲裔美国人的孩子更有可能进入劣等的学校，更为缺乏读大学的准备。然而上述两种因素都不能解释，作为一个群体（有许多个体例外），那些有充分准备的、有抱负有信心的、来自中上阶层的非洲裔美国学生，为什么会落后于同等条件的欧洲裔美国学生。

这位斯坦福大学的心理学家开始疑惑，是否有可能在少数民族和妇女对消极的社会成见有意识地进行抵制的时候，这些成见仍然对他们产生影响呢？[①] 斯蒂尔认为情况正是如此。而且，他推测——因为他的证据指向这个令人吃惊的结论——那些消极的成见对那些本来对世界充满了信心，还没有形成任何自卑感，通常都做好了出色的准备，并且非常希望在学术上出人头地的学生具有最强烈的影响。

他提出如下理论，当那些消极成见的受害者面对一项他们想要去完成并相信自己能够完成的任务，而盛行的成见说他们不太擅长这一任务时，他们逃不脱那些将他们包围的成见的阴影。如果这项任务特别艰难而且紧迫，那种压力至少会触发他们下意识地想起那些成见。他们可能会想："如果我解决不了这个问题，别人就会认为那些成见是对的。"他们越是想在那个领域表现出色，类似这样的想法就越是困扰他们。至少，这让他们分心；从最坏的角度看，这样的想法刺激他们要去证明盛行的成见是错误的。不管出现上述两种情况的哪一种，只要想着那些成见，他们就会比别人增加一层焦虑，由此而产生的压力就会耽搁和损害他们的表现，这反过来又产生更多的痛苦，引起更多的暗示，如此循环往复。

比如说，斯蒂尔知道，许多研究已经发现，在一定难度上，妇女在数学方面的表现跟男人一样出色。但是超出那一难度之后，大多数女性就表现得不够理想。几十年来，许多受过教育

① 在提出这个问题时，斯蒂尔正面临肯尼斯·克拉克（Kenneth Clark）早在30年代和40年代就详细阐述了的观点，并且在1954年最高法院审理里程碑式的取消种族隔离案之前，瑟古德·马歇尔（Thurgood Marshall）在他的诉讼（Brown vs. the Board of Education of Topeka）中也运用了这一观点。克拉克争辩道因为我们的种族社会歧视黑人儿童，甚至将他们分开到黑白有别的学校，这件事本身就教育他们，他们是低人一等的。诚如厄尔·沃伦在布朗案件他著名的判决意见书中所言，成见的受害者产生自卑感，"这种自卑感挥之不去，影响着他们的心智"。一言以蔽之，克拉克的理论认为，如果社会不停地告诉你，你是能力低下的人，你很可能自己也信以为真。当斯蒂尔意识到那种影响，他也看到他遇见的非洲裔美国学生有很强的自我价值感，从而只是将他们的精力引入学术以外的领域。然而他的研究寻求解释这些依然"喜欢学术领地"的人的表现，尽管他们不断地奋斗，但是仍然经常失败。

的男士断言，是性别上的原因决定了这些差异。然而斯蒂尔推断说，男人和女人在开始面对他们（她们）想要解决的数学难题时都会感到有些焦虑，不过对男人而言，那种焦虑仅仅来自数学问题本身。与之相反，当最初的压力提醒女人那些负面的成见时，她们就开始背上额外的包袱："别人会怎么看我呢？我必须做什么来证明他们是错的呢？"斯蒂尔把这种感情称为"易受成见伤害的脆弱性"，并解释说，当一群个体觉得他们"可能遭受负面成见的评判或对待"，或者在别人看来，"可能从事将会进一步证实那种成见的事情"时，他们背上思想包袱的情况就常常发生。

当大多数妇女努力反驳别人对她们能力的成见时，她们甚至变得更加焦虑；特别是当她们对自己学好数学充满了信心并在一定程度上坚信自己有能力学好时，情况更是如此。斯蒂尔前不久曾这样说："任何人都会担心在某个领域遭受成见，并为此苦恼。"于是，任何在读高中和大学低年级时数学成绩优秀的妇女，或任何在无论什么学科成绩都很出色的黑人学生，他们可能会对所修学科的未来充满了梦想，但正是这些梦想刺激了斯蒂尔所称的"警惕性的担忧"，即担心"社会认识和对待他们群体的方式会危害到他们的未来"。他们越是担心，就越容易受到成见威胁的伤害，而且与其说是失败，还不如说是成功让他们忧心忡忡。

斯蒂尔和其他研究者发现，如果他们能够让学生不去想别人可能戴着负面成见的眼镜在看自己，他们就可以卓有成效地改变学生的成绩。比如说，斯蒂尔发现，如果他能让那些参加高难度数学考试的妇女相信，任何跟考试有关的人员都认为她们可以做得跟男生一样好，那么她们果然就做得很好。[1] 在另外一个实验中，他和乔舒亚·阿伦森（Joshua Aronson）把斯坦福大学的黑人学生带到他们的实验室，从研究生入学考试（GRE）口试部分中抽出一些问题对他们进行测试。他们将学生分成两组，告诉其中一组学生说，这些问题测试他们的口头表达能力；他们对另一组学生则说，这只是个“实验任务，用于研究某些问题在一般情况下是如何解决的”，并暗示他们，测试成绩的好坏跟他们的智力无关。这种解释上的简单变化，造成了决然不同的两组测试成绩。那组认为自己的口头表达能力正在接受测验的学生成绩大为落后，尽管这两组学生的背景没有什么差别。[2]

斯坦福大学的研究人员甚至还发现，他们可以在某个领域对那些传统上具有正面社会形象的人群制造一种成见威胁。比如说，男性白人从来不曾面对过“他们这一类型”学不好数学的看法。然而研究者只需告诉欧洲裔美国男生，亚裔学生在考试方面通常比“白人学生”做得好，这样就可以使高等数学成绩很好的白人男生在高难度数学考试中败下阵来。突然间，他们也面对了这样一种可能性，那就是，如果他们在考试中失足犯错，别人就会把他们视为次等，认为他们不

① 他运用研究生资格考试的（GRE）数学高级部分来测试可比较的两组妇女，双方都有骄人的本科数学成绩。对其中一组，他没有特别下工夫，结果那一组考试成绩与男性对手相比差很多。对另一组，他在她们参加考试前使她们相信，考试根本没有性别差异，以前也是如此。参看 Claude M. Steele, “Thin Ice:‘Stereotype Threat’ and Black College Students”（August 1999）；可用网址 http://www.theatlantic.com/issues/99aug/9908stereotype.htm。

② 但是这些认为它是一场能力测试的学生当时会想到种族的偏见吗？显然会这样。研究者同时给两组一个猜字游戏，所给的长长的单词列表中的每个单词都少两个字母。他们可以用很多正确方法完成每一个单词，有些词与种族概念有关。凡是认为他们的能力受到调查的学生比其他组用更多“种族”词汇来完成填字。引自 Steele, “Thin Ice.”。

及别的群体优秀。①

这项研究的意义是什么？它同我们对优秀教师的研究有何关系？答案似乎同出现在我们所研究的老师跟他们的一些同事之间的一场经常性的争论有关。事情是这样的：如果你相信在大学校园盛行的老师们的传言，获取好的教学名声的最佳办法——或至少是获取学生打高分的最佳办法——就是提供一门对学生要求甚少的又没有价值的课程。有些老师坚信，通往教学奖的道路是由低标准和低期望值所铺就的，一旦他们拒绝妥协，学生就会给他们打低分，就会让他们的业绩惨不忍睹。但是社会心理学家就“易受成见伤害的脆弱性”所做的研究以及我们对优秀教师所做的研究对上述简单的见解提出了严肃的质疑。

无论用何种合理的标准来衡量，最优秀的老师对学生有“更多”的期待。但我们也发现，许多不那么成功的教师总是以大量的作业来挑战学生。对这些教师而言，要学生做更多的作业确实导致了学生给老师打低分，而且学生可能学得更少，因为学生疲惫不堪，跟老师进一步疏远。人们很容易从这样的例子中得出结论，说上述传言是对的，但这种推理忽略了一些要点，常常对教学新手和有经验的老师同样产生误导。为什么有些老师对学生期待得更多，成功地让学生达到了目标而且又能让学生满意，而其他老师用他们自认为的“高”标准要求学生时却惨遭失败呢？我

---

① 当玛格丽特·希尔（Margaret Shih）与她在哈佛大学的同事处理这个问题时，他们检验正面和负面刻板印象之间可能的相互影响。大多数人持这一看法，妇女数学不行，但是亚裔美国人擅长数学。那么亚裔美国妇女怎么样呢？哈佛研究者给三组女性亚裔美国大学生设置了一次数学测试。在每次测试之前他们要求这些女生填一份关于他们自己和一般学生问题的调查问卷。对于第一组，他们插入了使其想起自己种族的一个简单的问题。第二组没有提到那个问题，但是有一个提醒性别的问题，然而第三组没有上述两个问题。即使三组人全部做同一份试卷，稍微提到种族问题的那个小组实质上比其他两组表现出色，而问及性别的小组成绩最糟。Margaret Shih, Todd L. Pittinsky, and Nalini Ambady, “Stereotype Susceptibility: Identity Salience and Shifts in Quantitative Performance,” *Psychological Science* 10 (1999): 80-83.

们的研究对象所期待的“更多”里是否包含有与众不同的东西呢？卓有建树的老师用不同的方式处理学生的作业吗？或是他们另外拥有某种足以说明他们业绩的优良品质？

我们发现各种信仰、概念、态度和方法织成了一张复杂的网，是这张网驱使最优秀的老师及其学生取得可喜的成绩。这张网上的每一根股线相互依靠，得以发挥各自的作用。如果彼此分离，它们就会显得微不足道和无关紧要。要了解为什么有些老师的教学一枝独秀，我们就必须了解那一根根的股线以及它们是如何相互支持的。我们就从一系列能够说明教师所做努力的态度和倾向性开始。

首先，最优秀的老师往往寻找和欣赏每一位学生的个人价值。他们不是将学生分成赢家和输家、天才和笨蛋、好生和差生，而是寻找每一位学生可以带到课堂上来的种种能力。保罗·贝克是得克萨斯大学成就非凡的戏剧教授，他多次说过：“每一位学生都是独一无二的，都能作出别人无法替代的贡献。”

其次（这是首次跟我们对成见的研究有直接联系的一点），他们非常相信学生具备学有所成的能力。斯蒂尔的研究有助于我们理解任何一个遭受某种普遍存在的负面成见的人所面临的额外负担、女性学生在某些学科领域所承担的特别繁重的负担、非洲裔美国学生及其他少数民族学生在所有学术研究方面所承担的特别繁重的负担，而这些负担是我们社会中的大多数男性白人都没有经历过的。对斯蒂尔研究成果的其他应用，都不应该淡化这一中心信息的重要性。不过他的研究和其他人的调查也进一步证实了这样一个要点，这个要点源自我们同优秀教师们的对话：学生会受到诚恳的、富于挑战但有现实意义且认真看待他们的努力的正面期待的激励。

几年前，斯蒂尔的一位名叫杰弗里·科恩（Geoffrey Cohen）的同事做过一个实验，该实验反映了我在这里所说的大部分观点。他要斯坦福大学一群聪明的学生，包括黑人学生和白人学生，就他们最喜欢的老师写一篇文章，这些文章有可能在一家杂志上发表。他想知道什么样的反馈最能对学生产生刺激，于是他要求学生几天后返回课堂，听老师对他们的作文作出评论。他为每个学生照了相，把相片钉在文章的首页上，暗示学生（即使下意识地），那些对作文进行评定的老师知道他们的“种族”。

当学生回来接受反馈时，科恩尝试了三种不同的方法。一种方法是，他只是简单地告诉学生他们的作文有哪些错误。另一种方法是，在对学生的作文进行评论之前，他说了几句表扬的话。他发现，无论他做了什么，有些学生回家去修改了作文；其他学生则一直没有回来，但这种反馈的方法不会影响有多少学生回来或哪些学生回来。他还注意到，这两种方法均不能刺激许多黑人学生作出反应，而白人学生对这两种方法的反应是通常都会回来。

科恩推断说，成见威胁已经导致大多数黑人学生认为，老师对他们的评价来源于这样一种偏见，那就是非洲裔美国人写作能力较差。与此同时，欧洲裔美国学生则对老师的意见信以为真（他们仅从字面上理解老师的评价）。科恩为了检验自己的理论，不得不寻找一种方法来缩小黑人学生和白人学生的这种心理差异，让黑人学生相信他的忠告。他转而告诉学生，杂志发表文章的标准很高，但他们的作文只需做些修改，就可以达到那些标准。正如斯蒂尔所说的那样，对少数民族学生而言，这种方法“将高标准与自信心相结合，就像旱地逢甘霖，成了学生非常需要而非被动接受的一种安慰”。[①] 它清楚地表明，他们将不会受到某种负面成见的评判，而是接受高标准的评判，而且他们的老师实际上相信他们能够达到那些高标准的要求。在这第三种方法

① Steele, “Thin Ice.”

指导下，黑人学生把作文带回家，采纳老师的修改意见，之后交回一篇较上次要好得多的作文。

最优秀的老师倾向于对他们所有的学生使用第三种方法。他们设置高标准，并对学生达到那些高标准的能力表示强烈的信任。但这种信任并不孤立，它与成见研究所支持的其他内容一起出现。因为这些老师懂得，害怕和焦虑会损害思考能力，他们提倡智力上的激励，刺激学生的求知欲，而不是助长学生对“得分”的担心和怀疑。这种努力体现在他们所做的每一件事情上，包括他们对学生作出评价的方法。这个话题我将在本书最后一章里进行详细的探讨。其他教师可能会强调作业的量，我们所研究的老师则强调学生的能力，包括创造非凡艺术品和做学术研究的能力、良好缜密的推理能力、理解复杂问题的能力、收集和使用证据的能力、解决问题的能力以及从事该学科领域有才华的学者、专业人士和艺术家可能从事的一切课外活动的能力。这些老师所掌握的“更多”来源于最高的智力、艺术和道德标准，而非产生于仅在学校环境中才有意义的那些要求。有位学生对我们说：“我想知道，那些作业对我个人有益，有助于我的智力发展，我不是仅仅为了学校和分数而去完成。”

老师对学生的信任，还表现在老师把控制权还给学生。我们所研究的老师曾鼓励学生去追求志向远大的目标，并承诺帮助他们取得成功，但这些老师让学生自己控制自己的教育，设法避免“命令部队去作艰苦的战斗”。因此，“更多”就是他们给予学生的一个承诺（“这是你能够在课堂上学会/实现的东西”），就是老师对学生一系列的期望。这些老师通常认为，他们的学生有思考的能力而且有能力按最高标准行动，但同时，他们绝不像强迫任何学生去思考而且按最高标准行动。保罗·贝克总是对他的学生说：“你带到课堂上来的是你自己和你的参与欲望，你在这里所做的一切最终有赖于此。”①

信任、拒绝使用权力以及设置代表真实目标而不是代表学校作业的标准，这些在最优秀的老师喜欢使用的教学大纲中是极为常见的。我们把这种教学大纲称为“承诺式的教学大纲”，它由三大部分组成。第一，老师清晰谨慎地提出本课程可以给予学生的承诺或机会。比如，该课程将帮助学生回答什么样的问题？这些问题将有助于他们发展何种类型的智力、体力、感情或社交能力？这部分就好像一张参加盛宴的请柬，给予学生一种强烈的自我控制感——接受或者拒绝，都是由他们自己决定。第二，老师解释学生将要做什么来实现那些“承诺”（实际上就是要求），避免使用“要求”之类的语言，并再次让学生对自己的教育拥有一种控制感。他们可以决定去独立追求那些目标，不参加该课程的学习，但是如果他们决定留在课堂上，他们就需要做一些事情来取得成功。第三，教学大纲对老师和学生如何理解学习的本质和进程做了概述。这远远不只是说明打分方法；它是师生对话的开始，在这场对话中，老师和学生共同探讨如何理解学习，以便在今后共处时能够相互适应，并在学期结束时能对学习的本质作出评价。因为学生在学期一开始就会遇到教学大纲，所以教学大纲对设置高标准以及鼓励学生去实现这些标准会产生强大的影响。

最后，信任策略行之有效是因为它很现实。它要求对一个人的能力作出积极而又诚实的评价，这就需要老师对学生个体以及可能影响学生表现的社会力量有深入的了解。我们发现老师们煞费苦心地探究学生的学习，小心谨慎地分析学生的成绩，全面彻底地思考不同的人能够学什么和怎么学，甚至不辞辛苦地设计出

① Paul Baker, *Integration of Abilities: Exercises for Creative Growth* (New Orleans: Anchorage Press, 1977), p. 4.

适合每一位学生的需要、兴趣和现有能力的独特的作业。即使在大班上课，老师们不可能了解每一个学生，他们就钻研全班学生的“合成照片”，以便于琢磨出班上的学生类型。

老师们分析的成功——这一点至关重要——有赖于对可以决定学术成功的外在力量相当超前的理解。我们开始此项研究时，那些杰出的老师当中很少有人知道克劳德·斯蒂尔的工作（尽管从那以后有更多的老师对此有了了解），但他们中的所有人似乎都明白，并非什么“天生的智力”支配谁在学校干什么，有时传统的评判最好、最聪明的标准发现不了才华横溢的学生。比如说，当我们把科恩的故事讲给我们的研究对象以外的老师听时，他们中的许多人就认为——正如其中一位老师所说的那样——“如果你有斯坦福大学那样好的白人学生，你怎么教他们都无关紧要”。对这些老师而言，优秀教学的秘诀仅仅就是找到聪明的学生。

相反，优秀教师强调如下分析：有很多因素成就了斯坦福大学大多数学生学业上的过人表现，这些因素包括他们的社会地位，还有他们多年来对充满激烈竞争和苛刻要求的学校的习惯性适应。此外，他们认为，那些学生通常不懂什么成见威胁，而正是这样的威胁可能让他们不信任别人有益的忠告。他们中的许多人求学期间都处于一种高期待的环境中，老师对他们的能力充满信心。有位教授指出：“在科恩的实验中，如果学生接受的反馈不产生影响的话，那仅仅是因为他们有足够的自信。过去的外在因素会影响他们的成功，而且老师可能制造的现在的外在因素也关系重大，不仅可以激励从未得到太多帮助的学生，而且还会严重挫伤已经具备很多优势的学生。”

外在因素确实很有影响，这一观点以及对一些外在力量起作用方式的充分了解，有助于使我们的研究对象有能力期待更多并达到所期待的目标。一般而言，他们寻找外粗内秀的学生，认真对待他们所有的学生，并尊重每一位学生。当他们提出建议时，他们纯粹以自己的真诚让学生相信他们的评论并非要判断任何人作为人类的心灵和价值。这种真诚产生于这里所描述的各种观念以及他们了解学生过程中付出的勤奋和努力。老师提出建议是基于最优秀的科学、学术或艺术思维的高标准，不是因为他们看不起学生，而是因为他们相信学生有能力从这些建议中受益。当他们的同事只愿意以传统的眼光来看待最好和最聪明的学生，甚至有时以轻蔑的口吻来谈论那些不同背景的学生时（就像我们碰到过的那位教务长，说起华裔研究生时，总是轻视他们的学术表现能力和智商，因为他们的英语带有浓重的“外国”口音；而那位接受过新英格兰教育的英文教授则告诉我们，她的学生没有学习的能力，因为他们带有“乡下口音”），最优秀的老师则更深入地观察学生最为重要的品质，这让他们对学生的各种能力有了强烈的信任。就是那种信任和洞察力指引着他们的教学实践。

这并不是说我们所研究的老师认为所有的学生都有能力做所有的事情。当学生更加适合其他专业的学习，而不宜主修医学、表演或别的什么专业时，他们当然乐意对学生坦言相告。不过，他们只会小心而谦虚地提出忠告，因为他们认识到社会偏见可能轻易地玷污和影响哪怕最有理性的结论。有位老师对我们说：“我们有关谁在学校表现出色的想法常常根植于对阶级、地区甚至是语言的偏见之中——更不用说种族歧视或种族地位偏见了。当我对学生是否适合我所教专业下一阶段的学习作出评价时——即我每次给学生打分或对学生将来应该从事的职业提出忠告时——无论我的努力多么微不足道，我都必须确保自己所作的决定是基于充分的事实并进行缜密的推理后得出的。所以我要为给予学生什么样的考试而费尽心思，我思考着如何分析那些考试的结果，以及还能使用什么别的方法来给学生‘打分’。”

当学生在课堂上遇到困难时，最优秀的老师首先在自己的课程中寻找问题，而不是动辄怀疑学生预习不够或智力上存在弊病。他们自问，他们期待学生对他们的课程作出怎样的反应，他们能够做什么来增加可能业已存在的吸引力，他们如何才能克服学生动机和理解上的困难。他们小心翼翼地鉴别出学生学习上可以解决的问题，继而创立有条理的方法来让学生征服那些问题。苏黑尔·汉纳是宾夕法尼亚大学一位卓有建树的英文教授，他对我们说："我经常思考，我的学生在什么情况下可能遭遇理解上的最大困难。我想知道，他们会对什么感到陌生，又对什么感到熟悉，这样我好专门做出努力把二者联系起来。"

就具体的做法而言，所有这一切意味着什么呢？是否意味着最优秀的老师避免给予学生限定时间的考试，因为这样的考试太过武断，太受课程束缚，大半不能反映生活的实际？对有些考试而言，的确如此；其他考试则不尽然。有些老师允许学生将试卷带回家做，即所谓的场外考试；而其他老师则在学生参加期末考试时准许他们"需要花多长时间就花多长时间"。大多数老师从不对迟交的试卷采取"作废"的惯常做法，当然有些老师也这样做过（这点在本书最后一章有更多阐述）。有位老师报告说："我让学生自己控制自己的生活。如果他们花费更多的时间，那他们肯定会意识到，他们是在占用他们余生的时间。他们必须养成一种对自己的责任感。"

但是成功的魔法并不存在于这些做法当中。有一种简单而有效的观点我怎么强调都不为过，那就是，理解优秀教学的关键不在于某些特别的做法或规则，而在于老师的态度，在于他们信任学生有能力取得成功，在于他们乐意认真对待学生，乐意让学生自己控制自己的教育，在于他们负责让所有的策略和做法为主要的学习目标服务，确保这些策略和做法是师生之间相互尊重、相互协调的结果。

有位学生在我们多次听说过的一篇文章中写道："她（指老

师）第一天就对我们说，选择权在我们手里。没有谁用枪指着我们的头，强迫我们接受教育……我们知道她想要帮我们而不是控制我们，这给了我很多信心，让我确信自己能够做得非常出色。”

与此相反，另外一位学生主动告诉我们：“我曾经有一个老师，她以为自己是学术界的天才……她觉得自己要求很高，却不过是随便侮辱学生。有位学生问她，他该怎样做才能写出像样点的论文来。瞧她是怎么说的，‘别以为你还能写出比这更好的论文了，你没那么聪明’。”这位学生接着总结说：“这种做法是不对的。我有过的最出色的老师总是让你对自己和自己的能力感觉优良。”

保罗·贝克经常告诉他的学生：“课程的重中之重在于培养有创造性的人才，让他们充满自信。我们不会试图用某个模型来让你硬套；相反，我们努力帮助你逃脱这样的模型。”①

苏珊·威尔特希尔（Susan Wiltshire）是范德比尔特大学的古典文学教授，她有一种我们经常听到的观点。她解释说，在她看来，她的课就像她做的一桌大餐，她只是想要把学生邀请到餐桌上来。当其他老师可能让学生面对教官的刚毅，或者好像让学生面对决斗的挑战时，最优秀的老师在每一堂课上提供给学生的是点心和玉米粥。

给学生打低分，期待他们多多进步

西北大学生物科学专业的学生必须学习一门为期一年的大二程度的课程，来为他们在该领域的进一步深造打下基础。那门课

① Paul Baker, *Integration of Abilities: Exercises for Creative Growth* (New Orleans: Anchorage Press, 1977), p. 19.

程是通往毕业和进入医学院的途径，多年来以要求苛刻甚至是令人疲惫不堪而享有盛誉。老师们经常会骄傲地发现，该课程的平均分数通常要比各科成绩的平均积分点低至少半个字母。正常情况下有 300 多位学生报名参加这一课程，每周三次挤进一间大教室里听科学家们一个接着一个地谈论各种话题。他们也参加每周一次的实验课。

拉里 · 平托（Larry Pinto）在 20 世纪 90 年代初期开始教授这门课程，当时他和同事对他们观察到的一种普遍现象甚为关心。只有很少（若有的话）非洲裔美国学生、墨西哥裔美国学生和美洲印第安人学生在该课程的得分高于 C，大部分学生都不及格。当他们查看这些学生全部的学习成绩档案时，他们发现，这些学生的 SAT（学术能力倾向测试）成绩、高中成绩以及其他各种成绩和操行报告单都暗示这些学生应该可以做得很好。西北大学招生条件苛刻，这些学生都是已经达到那些苛刻的标准的，但他们仍然在生物学 B10 这门课程上不及格，而且不及格的人数之众令人担忧。更有甚者，平托了解到，类似的差距存在于大多数其他招生苛刻的大学非洲裔美国学生和其他美国学生之间。

平托知道这样的人数意味着什么。他说："我想让我的研究室看起来像整个社会的一个剖面，但如果整个这一部分的人都面临着难以克服的障碍的话，这就没法如愿了。"因为该课程是通往医学院的途径，这种差距就意味着少数民族学生很少能够成为医生。他和同事拒绝对这一结论作种族主义的解释，于是他们开始寻找别的答案。最后，他们转向斯蒂尔的研究和尤里 · 特雷斯曼（Uri Treisman）在伯克利的大学以及位于奥斯汀的得克萨斯大学所做的计划和项目。特雷斯曼在非洲裔美国学生学习微积分时遇到过类似的情况，但他借助一个学术项目消除了大部分鸿沟，这个项目邀请少数民族学生参加优等生学术研讨会，而不是参加补习班。斯蒂尔的理论和研究毫无疑问支持了这样一种违反直觉的措施。如果这些学生是因为受到成见攻击而表现欠佳——情况显然如此，那么补习班只会让事情变得更糟，会进一步强化他们的想法，即社会认为他们在常规课堂上不能取得好的成绩。但是如果邀请学生参加优等生学术研讨会，效果正好相反，表明人们相信他们可以达到最高标准而学有所成。那些生物学家们为此深受感动，不久就开发出了他们自己的“特雷斯曼型”项目，但较特雷斯曼项目作了一些重要的改变。

1997 年秋天，他们邀请生物学 B10 课程的所有学生，包括少数民族学生，参加高级概念研讨会。平托特意请到了来自不同地区的学生，包括过去曾在课堂上表现不佳的少数民族学生，主要是为了暗示他们，他非常信任他们从事高级研究的能力。如果他们参加这个项目，他们就 5 人至 7 人为一组，每周见一次面，以解决生物学概念内涵丰富的高级难题。特雷斯曼使用研究生来促进那些讨论，但是西北大学的生物学家们决定使用经过精心挑选的在上一学年选修过该课程的本科生。他们选择那些在上次研讨会表现出色和具有“很强的交际技巧”的学生。最后他们要求教学中心来培训这些学生的高级辅导技巧（“提问而不是解释”），然后他们每周一次同这些辅导员见面，来检查那些问题。

接下来的两年，这些生物学家做了一个可控的实验。他们只接受了一半的志愿者来参与这个项目。温迪 · 博恩（Wendi Born）是一位心理学研究生，她为了写博士论文而承担了这一项目。她将班上参加研讨会的学生和未参加研讨会的学生当做两个大组来进行对比，跟踪这两个大组的进步情况。同时，他们确保研讨会的每一个小组看起来像有广泛代表的社会团体，通常在每一个小组中包括一两位少数民族学生。①

参与该项目的学生不仅要完成其他学生应该完成的全部作业，另外每周要花两个小时参加志愿者研讨会的讨论。在那些讨论中，他们着力解决本周的问题，努力理解各种概念的含义及其应用。平托偶尔跟辅导员们见见面，有时是在他家的餐桌上，以便跟踪该项目的进展情况。学生教学生，他们是一个志趣相投的团体，一起努力着解决那些真实而有趣的问题。辅导员们有时将食物带到讨论会上，旨在创造一种友爱的气氛。该项目比传统课程要求做更高水平的思考，但它还是让学生自己控制自己的教育。招收进该项目的学生都是充满活力的，但老师也给了他们一种很强烈的信息，那就是信任他们的各种能力和判断力。

参与该项目的各种族小组都取得了令人难以置信的成功，全体成员（即包括每一位参与者）的考试成绩都有了相当大的提高，不同种族小组的差距大部分不复存在。他们胜过了未参加该项目的所有对手。而且，辅导员和研讨会的参与者都报告说，他们对生物科学的兴趣比班上的其他学生对生物科学的兴趣要强烈得多。研讨班的学生还报告说，他们花在生物学上面的时间总的来说要比未参与该实验的学生少，这表明仅仅以“学习任务所花时间多寡”不足以说明进步的原因。给人印象最深的是，随着时间的推移，学生普遍都还在继续进步。第二年，平托和他的同事一道做了同样的实验。这次实验小组的人数稍微增多，但他们发现结果完全一样。进行了两年的可控（控制参与人数）实验之后，他们向班上每一位学生开放了该项目。尽管他们不再控制小组的人数，但他们可以将参与者同那些不愿参加的学生进行比

① 因为多年的失败，不怕麻烦来修课的少数民族学生人数已慢慢逐步减少。结果，这个计划接受所有志愿参加的少数民族学生，并且为了用历史比较方式的学习目的，将参加者与过去修这门课的少数民族学生结成对子。这样的比较被证明是有道理的，因为课程没有明显的变化，并且六位教授仍然在教这门课程。

较，还可以将参与者的表现同具有类似背景的其他学生以前的表现作比较。他们继续观察到同样非同寻常的积极结果。

几个有关学习的基本概念

到目前为止所讨论的优秀教师的杰出品质和方法——即老师认为每个学生带到课堂上的东西别具一格这样的观点，老师对学生能力的信任，老师对结果的重视，老师拒绝使用权力以便于给学生创造机会的做法，老师认为外因作用意义重大这样的看法——这些都基于一整套更为基础的关于学习的本质和意义的概念。简单地说，最优秀的老师相信学习涉及个人发展和智力发展，而且思维能力和成年人的品质都不是一成不变的。人可以改变，那些改变——不仅仅是知识的积累——代表了真正的学习。这一整套重要的信念比其他的一切更能将最优秀的老师同他们众多的同事区分开来。

为了更加全面地了解这些概念以及它们与传统观念的差别，让我们回到第二章介绍过的一场讨论。当时我们发现，许多不那么成功的老师把记忆当做存储器，把智力看做使用存储器中信息的能力。在他们看来，有些学生仅仅是既有强大的存储器，又有从存储器中取用信息的强大能力，其他学生则没有。因为他们相信人们不可能采取什么措施来拓展记忆力和智力，所以他们不觉得自己和同事有什么太多的责任。对他们中的有些人来说，那意味着他们应该“别挡聪明学生的道，学生就会自己学习”（有几个老师就是这么说的）。对他们中的大多数人来说，这意味着他们只需向聪明的学生提供必要的信息，以让学生作出聪明的决定。

让我们将这种有关智力的观点同最成功的老师的观点作比

较，并考虑一下这些观点对教学实践的意义。如果你像我们所研究的老师那样相信，人们是在构建对现实的思维模式而不是简单地储存或“吸收”知识，你就更有可能会问，这种构建是怎么进行的，并如何得到改进。你还可能会问，人们如何使用这些模式及其组成部分来作出决定和进行推理，而且他们该如何获得更好的办法来达此目的。你不再只关心记忆信息的能力，但会认识到，记忆能力随着理解能力及利用这种理解能力进行推理的能力的增强而增强。从这样的观点出发，你接下来可能会问，思维模式及其运用如何影响人们的思想、行动和感情，现实的思维模式、推理能力、感情和行动之间是否相互影响，又如何相互影响。你甚至会问，人们如何才能使用、控制甚或改变他们的感情、态度和价值观，感情习惯又如何影响人们的理解能力及其充满同情而又得体地运用理解能力的能力。

这样就出现了一种教育模式，在这种教育模式中，学生不只是积累知识；他们经历着深层的改变，这些改变不仅影响他们的心智习惯，还影响他们持续发展的能力。拉尔夫·林恩经常说：“你所学的一切，都会影响你成为怎样的人和你能做什么。”

因此，对于接受教育的意义是什么，最优秀的老师逐步形成了内容丰富的概念，这些概念同他们对于人类学习能力、发展能力和变化能力的信仰紧密结合在一起。这些概念和信仰使学生有希望取得重大的成就，正是这样的希望又反过来强有力地影响着学生的行动。同时，这些概念和信仰有助于老师们深刻地理解学习的本质和学习可能活跃起来的种种条件。这种理解使他们能够创造出最佳的学习环境，影响和改造学生，就教学的各个方面作出适宜的决定，对种种问题作出创造性的有影响的回答。成功孕育着成功。因为这些方法旨在帮助学生学有所成，学生便对他们的老师产生了信任，那种信任本身又变成一种动力。结果，这些因素没有一种是孤立地起作用的，它们全都相互依存。

这些模式在促进智力发展和个人发展两方面的努力中最为常见。

智力发展

许多杰出的教师把他们的课程当做一种手段，用以帮助学生学会正确推理和参与别人已经活跃的谈话。这一工作有两个核心问题：学生需要拥有和发展什么样的推理能力来回答一门学科所提出的问题？我怎样才能培养导致不断使用那些智力技巧的心智习惯？

第一个问题的答案不那么容易概括。并非所有的学科都强调同样的推理能力，但接受我们采访的老师提出了几种一般性的模式，华盛顿大学的物理学家阿诺德·阿伦斯（Arnold Arons）就很好地总结出了一系列的推理能力。阿伦斯认为，有判断力的思维至少需要 10 种推理能力和思考习惯：

1. 学习某些材料或处理某个问题时，有意识地提出如下问题："我们知道什么……？我们如何知道……？我们为什么接受或相信……？用于证明……的证据有哪些？"

2. 清楚而明确地认识到可用信息的不足。在信息不完全的情况下知道何时得出结论，何时作出决定，而且能够容忍一定的模糊度和不确定性。能分辨出一个人何时未经核实"我们怎样知道……？为何我们相信……？"等问题就不加怀疑地相信某件事。

3. 能辨别出观察和推论、既定的事实和后来的假设。

4. 认识到词是概念的象征，但不是概念本身。认识到必须只使用根植于共同经验的既有定义中出现的词汇，以形成新的定义，避免受专业术语误导。

5. 探索隐藏在一连串推理后面的各种假设（特别是暗含的不相关联的假设）。

6. 从数据、观察报告或其他证据中得出结论，并认识到何时不能得出确定的结论。这包含若干过程，比如基本的演绎推理（例如，处理“如果……那么……”这种基本的命题句）和关联推理，认识到相互关联的变量何时可控，何时不可控。

7. 进行假说—演绎推理；就是说，假设一种特定的情形，运用相关的原理知识和约束机制，抽象地设想貌似可信的结果，这些结果可能产生于人们凭借想象强加到该系统的各种变化。

8. 能辨别出归纳推理和演绎推理；也就是说，知道何时从特殊到一般或从一般到特殊得出某个论点。

9. 检验自己一连串推理和结论的内在连贯性，以便获得智力上的独立性。

10. 增强与自己的思想和推理过程有关的自我意识。①

当我们将上述清单给不同学科的老师们看的时候，总是引起共鸣。许多不认识阿伦斯的老师发誓说，阿伦斯一定是他们同一学科的同行。我们所研究的老师和我们没有研究的老师都作出了类似的反应，但是仍有差别。最为突出的是，我们的研究对象更加倾向于把同样的批判性思考能力当做他们课程的重要学习目标。如果他们不接受这张推理能力的清单，他们则有一张自己的清单。而且，他们看不出有什么理由要将学习“事实”与学习应用这些事实进行推理割裂开来。他们不是不做推理地将事实教给学生（就好像老师只能将那些事实灌输给学生一样），而是将解释同各种问题糅合在一起。

因此，第二个问题的答案以两个字开始：实践。当学生处理令他们感兴趣的问题，并让自己的思维接受挑战时，不妨给他们大量的机会去使用他们的推理能力。要求他们仔细考虑他们推理的含义，他们自己的含义，包括他们看待世界的方法、政策的辩

① Arnold Arons, “Critical Thinking and the Baccalaureate Curriculum,” *Liberal Education* 71 (1985): 141 - 157.

论、重要的哲学问题，甚或道德和宗教问题。把课程当做一扇窗口，学生可以透过这扇窗口看到这门学科所提出的问题，看到这门课程在回答那些问题时所使用的信息、质疑以及推理技巧，看到该课程在检验所提议的答案和权衡相互冲突的对“真理”的主张时所使用的智力标准。帮助学生学会使用那些标准来批判他们自己的研究，了解他们自己在学科内的思考方式，并将它同他们在其他学科得出结论的方式进行比较。就他们的假设以及他们在推理过程中所使用的概念和证据进行提问。

肯·西斯金（Ken Seeskin）是一位哲学教授，他要求学生努力处理重大的哲学问题。他寻求“说服学生，那些问题仍然值得我们付出努力，那些理论也并非是古人的遗物，而是人们仍然想要提倡的立场和主张”。他让作家相互较量，让观点不同的思想家结成搭档彼此争论。他因此“强迫学生不仅要了解”柏拉图（Plato）和亚里士多德、安塞姆（Anselm）和阿奎那（Aquinas）、康德（Kant）和米尔（Mill），“而且要在他们之间作出选择”。西斯金总结说：“如果伟大的思想家可以从参与争论和反驳对手中获得刺激，为什么就不该让学生也品尝一下这种刺激呢?”在他看来，“主张产生争议，争议唤起兴趣”。[①]

西斯金和其他杰出的老师的确要求学生在课堂讨论或论文写作和其他项目中采取一种立场，并为其立场辩护，但他们不仅仅是要求学生进行周密的推理，之后对自己的努力作出评价。他们对学生提供支持并提出建设性的批评，尽可能推迟给学生打分的时间，让学生有足够的机会去实践和获得反馈。这意味着他们必须允许学生在学习过程中表达各自的观点。有位老师解释说：“有些老师认为，他们不想听学生谈论某个话题，因为他们知道

① Kenneth Seeskin, “A Few Words about Teaching Intellectual History,” *The Class Act* (January 1996), p. 1. 登录网址 http://president. scfte. northwestern. edu/ClassAct_96_Jan. html。

得不够多。但我总是想到钢琴教师，他们从不因为学生还不会演奏莫扎特的曲子就让学生远离琴键。他们肯定需要忍受许多弹得难听的音调，但他们绝不会将学生推下凳子不让他们表演，而等着他们的演奏水平突然提高，然后才让他们上台。”

卓有成效的老师必须小心地选择问题，甚至要更加谨慎地挑选常见的阅读材料。他们重视学生在所布置的作业中不得不做的分析类型，而且他们循序渐进地组织材料，以便给学生机会来发展他们的技能：比较容易的读物在前，难度较高的读物在后。他们常常挑选容易激发兴趣的文章用做早期阅读，而不是简单地罗列要求；他们以能够引起热烈讨论的方式提问，把布置的作业当做努力完成那些问题的手段。他们不跟学生讨论阅读材料；他们让学生思考问题，采取立场，并从阅读材料中获取证据来得出结论和解决问题。最具感染力的老师尽量避免那个百问不厌的问题：“谁能告诉我这篇文章讲什么？”

最后，最优秀的老师常常教学生如何阅读材料。拉尔夫·林恩提出了详尽的程序，用以指导学生在阅读一本书之前如何先行审查和分析。其他老师则教学生如何识别论点，辨别证据和结论，理解所获得的证据的类型（比如说，推理所得的证据或观察得到的证据），认识一致与争执可能出现在信仰和态度上，弄懂对每一类证据和争论需要问何种问题，确认假设以及探索各种结论的含义。有位老师告诉我们：“学生在小学时没有学习如何阅读学术论文，而且在升入中学之后也很少接受如何阅读的训练。”

个人发展

长期以来，珍妮特·诺登对帮助她的医科学生获得非凡的临床推理技巧充满浓厚的兴趣。为达此目的，她帮助学生理解大量的医学材料，培养学生使用那些知识来作出诊断的能力。考试的时候，她给学生真正的病例，并就那些病例向学生提问跟临床有关的问题，这些问题将反映他们作为医生所必需的思维过程。比如说，她不只是提问知识，她也这样问："最有可能的两个前提是什么？你为什么这样认为？"每一次测试都非常全面，期末考试占他们成绩的重要部分，这样学生得以有机会从他们的错误中学习。

然而早在 20 世纪 90 年代初期，她就开始意识到，这样一种教育尽管是必要的，但还是不够的。她发现，她的许多学生——那些未来的医生——在面对死亡和病人及其家属的强烈感情时束手无策。他们常常认识不到死者家属也需要关照，或者他们不懂得表达同情的正确方法。她还发现，随着目睹病人死亡和垂死的情况的增多，有为数不少的住院医生或医生变得超然和冷漠。对他们来说，病人成了"疾病的表征"，而不是正在遭受痛苦和恐惧噩梦的有血有肉的人。诺登注意到，有数量惊人的医科学生、住院医生和年轻的执业医生常常为病人在他们的看护下发生的死亡而自责，为逃避职业的现实而滥用麻醉品甚或自杀。

诺登知道，她没法教会学生拥有同情心，但她可以帮助他们学会表达同情，学会面对自己的恐惧和噩梦，学会用尊严、同情和关心去帮助别人。她相信，她的学生之所以选择学医，是因为他们确实关心别人的痛苦；他们只是需要帮助来处理自己的感情，来了解如何以及何时向病人及其家属伸出援手。他们在探索科学和人体结构时，需要偶尔停下来，以便意识到躺在医院病床上的这个人不仅仅是一个富有挑战性的医学病例，而且是一个充满恐惧和焦虑却不乏抱负，并且拥有亲戚和爱人的人。他们需要面对自己必死的命运和人类身体状况的脆弱。人人必死是现实。医生这种职业既需要治愈病人，又需要帮助病人及其家属带着尊严和平静去面对不可避免的死亡。

为了面对这些挑战，诺登开设了悲伤咨询课，并在她的课堂上插入"个人时间"。在开始几天"个人时间"的一堂课上，她发给每个学生三张卡片，要求他们将自己的某种抱负写在一张卡上，将他们所爱的某个人的名字写在另一张卡上，将他们珍视的某项才能写在第三张卡上。接着她让学生将卡片面朝下放在书桌上，她绕着教室走，顺手抓起几张，随即扔进废纸篓里，以此来生动地说明他们的病人常常会面对的现实：才能、抱负或所爱的人失而不能复得。[①] 她跟学生谈起对悲伤作出反应的适当方式，向他们介绍悲伤咨询的种种概念和实际做法。在另外的日子里，她邀请死者家属谈论医生在他们的亲人生病时是怎样对待他们这些家庭成员的。人们带来照片、家庭录像和其他纪念物，跟诺登的医学同行们分享他们在遭受压力时的经历。

为了在神经解剖学的课堂上挤出时间来促进个人发展，她不再谈论她总是纳入讲义的一些材料，而是留给学生在课外做更多的阅读。在课堂上省去这些材料并不损害学生的学习。学生依然报告说在回答国家考试委员会的神经病学问题时他们信心十足，并且在读医学院三年级时的临床神经病学实践期间仍然表现优秀。诺登还是给予他们那种高要求的以病例为基础的考试，这种考试考查从记忆、理解和应用到分析、综合及评价等一切内容，被学生称为他们在医学院所碰到的智力要求最高的考试。个人发展所占用的时间并没有削弱学生对脑结构和脑手术的学习、对脑疾病的了解，或妨碍他们对其作出恰当的医学反应，相反，个人发展为学生提供了一种丰富多彩的情景，有助于学生理解和记住所学知识，并给学生一种强有力的动机来理解和记住那些知识。

不止诺登一个人发现了同时注重学生个人发展和智力发展的明智做法。越来越多的医学院在对学生进行医学培训时将二者结合起来。在本科阶段，我们发现科学家和人文学家要求学生面对

---

① 因为安排的原因，她有时候要学生随机地抽一张卡片“想象卡片上‘失去’了什么东西”。

正义的问题，运用对宇宙万物好奇和入迷的能力，注重道德行为和根据科学方法作出判断的能力。我们的许多研究对象对学生的个人发展表现出浓厚的兴趣，致力于探索做人的意义，帮助学生发展使用同情心的能力，识别影响学生生活的感情力量，常问最有影响力的道德问题："你本该做什么？"

珍妮特·诺登认为，每一门学科都可以找到办法来"让学生面对他们作为人是什么样的人的问题"。她说，在南美历史课程上，老师可以使用在巴西和阿根廷军政府统治期间"人员的失踪"来"让学生面对在如此的暴行面前人类的责任，想象他们在类似的情形下可能采取什么样的行动"。一些历史学家相信巴西的神职人员通过谴责绑架行为而使该国绑架事件数量下降。诺登指出："这是一个极好的机会，可以问学生他们是如何看待那些勇敢地反对镇压的人士的，他们自己是否有勇气这样做。"她认为，在天文学课堂上，老师"可以使用约翰的著名论述'我们身体中的每一个碳原子核均起源于天上的每一颗星星'，来激起一场争论：学生作为宇宙的一分子该怎样看待自己"。

西北大学戏剧系的安·伍德沃斯和她的同事们把表演课当做对人性的研究来教，而不是简单地教学生学习台词和表演作品。他们经常采取高级讲习班的方法，该方法应用于数学和法律等彼此不同的领域。对入门课程，他们进行了一系列的探索，来帮助学生在说出台词之前的长时间里审视自己、文化和别人，思考运动、结构、感情、韵律、态度和动机。节目单上每一个剧目的选择都是为了激励学生独特的个人发展，而不仅仅是为了某一场具体表演的成功。在课堂上，当学生对精心挑选和排序的剧目做表演练习时，伍德沃思专注地看，从不向学生暗示这种类似的表演她以前都可能看过一百遍了。

表演一结束，她就会说："让我们想想。我认为我们有些问题可以自己解决。"她将苏格拉底式的提问同微妙的建议糅合在一起，开始跟学生对话，而其他学生则在一旁观看（高级讲习班的方法）。她会说："咱们重来一遍，不过这一次，我要你考虑一下……"或者在沉思良久后，她会问学生某个旨在激发想象力和再思考的问题，让他们去探索自己的体验。有时，她会转向全班学生，要他们评论和提问，润物细无声，慢慢地让每一位学生受到重视。因为她懂得技巧，因为她和她的同事仔细思考过学生必须发展的种种表演能力甚或培养那些能力和洞察力的先后顺序，因为他们能够精细地识别学生在发展高超演技的过程中有可能在哪些方面出错及如何出错，所以她有能力指导和激励学生朝着杰出的表演方向发展，培养他们自我理解的能力，帮助他们达到更高的境界，引导他们思考作为人应该成为怎样的人。通常，她完成这一切但不会给学生一个评价。她会说："你们一定想做这件事，也愿意花必要的时间来发展你们的性格，但决定得由你们自己作出。"这是我们反复听到过的信息。

伍德沃思白天上课时，班上都是才华横溢的学生，他们中的许多人都是有经纪人的签约演员。她的毕业生包括戏剧界、电视界和电影界的一些令人目眩的杰出人物。学生必须满足很高的标准才能进入西北大学，而且他们必须证明自己的能力才能进入表演班。但她在夜校上课时，任何人都可以报名参加。那些班的学生来自各行各业，从年迈的教授、木匠到退休的会计师和部门助理。他们通常都没有多少表演经验，将来也不大可能以此为业。相比之下，许多日班学生会在表演事业上取得很大成功，并向着百老汇和好莱坞的各种奖项冲刺，而大多数夜校学生一辈子都不会那样。尽管如此，伍德沃思非常认真地对待夜校的每一个学生，就像她对待日班的学生一样。她以同样的热情全身心地投入每一次练习，跟学生小组探讨问题，也跟学生个人一起学习。她常常设法激励学生进行卓越的表演，让表演富于魔术般的变化。但她也对人的行为抱有一种看法，这种看法通常对学生看待自己和他人的方式产生深远的影响。

我们所研究的老师都持有这样一种观点：学生在考试时有良好的表现不能体现学习的效果，能在课堂之外对自己的思维方式和行为举止作出评价才能体现学习的效果。他们强调，如果获取“正确”答案的能力不能够反映对所学知识的实际理解，这种能力是没有多大意义的。唐·萨里，我们在本书第一章提到过这个名字，他是加州大学一位非常成功的数学教授，他强调对微积分问题进行批判性思考的能力，而不是强调寻找正确答案的“填空”能力。最优秀的老师希望激励学生进行不同的思考，通过提问来暴露带有错误观点的问题（这些错误观点是学生带进课堂的），通常将学生置于必须怀疑和重建他们概念的情景之中。他们强调学生有必要努力掌握重要概念和思想，用不同的观点来看待这些概念和思想，进而建立他们自己对所读材料的理解。

他们认为，只有在下列两种情况下，学生才有可能从事有意义的学习，才有可能运用某种重要的方法来重新审视他们的思维：(1) 他们强烈关注涉及他们思维的问题——强烈到他们愿意设法解决，愿意探索、质疑和寻找原因，并建立连贯的概念框架；(2) 学生有足够的机会将所学运用到有意义的问题上。因此，他们要求学生去解决学生自己认为有迷惑力、漂亮而且重要的智力问题、艺术问题、实际问题、物理问题以及抽象问题。他们常常创造出种种需要合作的环境，挑战并支持学生的努力，同时为学生提供真诚有益的反馈。

最优秀的老师会问自己，他们希望在课程结束时，学生能在智力上、体力上和感情上有什么样的能力，为什么那些能力是重要的。他们有时抛弃或者不那么重视传统的教学目标，而注重学生的理解能力、使用证据得出结论的能力、提出重要问题的能力以及理解自身思维的能力。在大多数学科，那意味着他们强调理解、推理和杰出超群的洞察力，而不是强调记忆、秩序、准时或整洁干净。在论文方面，比起思考能力，拼写、页边空白的大小、脚注的类型和参考书目都是琐碎而微不足道的；在化学课上，概念的理解比细节的记忆要重要得多；思考和改进自身思维的能力比记住任何名字、日期或数字更为有价值。理解微积分解题原则的能力和应用那些原则与概念对问题进行批判性思考的能力，在重要性上远远超过得出任何特定问题的正确答案的能力。这些老师希望他们的学生学会一贯而合乎逻辑地使用各种信息、观点和概念，来得出种种有意义的结论。他们通过为学生提供有意义的指导和代表性的反馈来帮助学生实现上述目标，这些指导和反馈悄然而有力地将崇高的理想和对学生能力的坚定信心结合在一起，而无须对他们作为人的价值作出任何评判。最为重要的是，他们帮助学生把注意力从分数转移到个人的发展目标上。

我们所遇到的最优秀的老师对学生期待“更多”。但是这种“更多”的本质必须区别于没有意义的“高”期待，区别于简单地跟课程相捆绑的目标，而不是跟有批评眼光的思想者的思想和行为相联系的种种目标。这种“更多”根植于最高的智力、艺术和道德标准，根植于学生的个人目标，同时处于老师的掌握之中。这些老师能够吸引和激励学生，并帮助学生取得非同寻常的高水平成就。我们发现，最优秀的老师通常对学生的学习能力和应对重大挑战的能力有一种强烈的信任，但是他们也知道过分的焦虑和紧张会妨碍思考。因此，在他们帮助学生学会放松，并使学生对自己的学习能力充满信心的同时，他们也怀有一种忧虑，这种忧虑的情绪来源于智力上的热忱、求知欲、挑战和悬念，来源于他们所作的学生可以学有所成的美好允诺。

克劳德·斯蒂尔最近写了一篇文章，认为来上课的学生背景各不相同，非常复杂，不能简单地归为一类，这种现实需要老师“对适当的学生给予适当的干预”。比如说，有些学生一直是负面社会形象的受害者，被认为在学校里难有良好表现，但他们依然在乎自己的学习成绩，而另外有些学生是负面成见的对象，已经决定向这些负面成见妥协。老师对这两种学生需要采取大相径庭的处理方法。对前者而言，辅导可能会使他们想到别人认为他们是需要帮助的劣等生。后者则需要保护，以免遭成见威胁，但他们也需要更优良的技能和社会支持。他们需要富于挑战性的工作，而不是简单的辅导；需要一种不断告诉他们智力可以得到发展的环境。他们需要斯蒂尔所称的“非评价性的响应”，这可能包括那些提供苏格拉底式询问的辅导老师，他们对学生不作评判，大量地给予空洞的表扬，将注意力集中在正确或错误的答案上。斯蒂尔认为，上述两种学生需要这样的老师，他们提供合理的反馈并对学生的潜力充满信心。①

尽管我们所研究的老师对此说法不一，但他们显然都把握了斯蒂尔思想的精髓：每位学生都需要因材施教。没有一种单一的方法对所有的学生都行之有效。保罗·贝克这样说：“我对教学最强烈的感受就是，你必须以学生为本。作为一名教师，你不应该只从教出发，只想着你自己，只想着你所知道的一切……课堂上的分分秒秒必须属于学生——不是笼统的学生，而是一个个具体的学生。你教的不是一个班。你教的是一个个的学生。”②

① Claude M. Steele, “A Threat in the Air: How Stereotypes Shape Intellectual Identity,” in Eugene Y. Lowe, ed., *Promise and Dilemma: Perspectives on Racial Diversity and Higher Education* (Princeton: Princeton University Press, 1999), pp. 116 – 118. 他说道，这样的“苏格拉底策略”可以确保“一个安全的师生关系，绝少有失败的代价，逐步建立由小见大的领域效验”。

② Baker, *Integration of Abilities*, p. XIII.

五　卓越的教师如何驾驭课堂？

几年以前，我在西北大学的一位女同事作了一次关于教学的讲演，题目叫“讲课有用吗？”。虽然实际上她极力为讲课辩护，但是标题中的问号却使学校中另一位教授勃然大怒。有一天，他带着预告那次讲演的传单，疾步走进教室，准备跟他脑海中的假想敌干一仗，那些邪恶的力量居然对他最喜欢的教学智能武器产生了怀疑。他一边在学生面前挥舞那份传单，一边告诉神色迷茫的学生：“我要你们知道，我校教学中心要我们相信讲课一无是处，但是，不管他们喜欢还是不喜欢，我要继续讲下去。”

而前不久，一位教授参加了我们的一个暑期讲座，用她认为不容置疑的证据来确证她的观点——谁也不能够从所谓的讲演中学到东西。作为讲座课程计划的一部分，我们特地推出了一场学生们认为精彩的示范课，使我们的这位来宾大为震惊的是，任何人都认为讲演就是教学。稍后她利用与讲演人一道乘电梯的机会对此表达了强烈的不满。

关于课堂讲演在美国全国展开了争论，其结果莫衷一是，上述两件事只是其中一部分。争论的一方确信研究已经证明讲演不起作用；而另一方则常常热衷于运用这一古老的教学手段。毫无疑问，这场争论对人们运用各种手段的可能性开拓了思路，而不是仅有正规的讲演，但是也常常产生那种不重视优秀的教学讲演的固执态度。每一方都确信他们知道一个绝对的真理。然而，我们对优秀教师的研究显示，有些人能够用精彩的讲演来吸引学生，帮助和鼓励他们进行高层次的学习；另外一些人则利用个案研究、基于问题的学习、有效的课业、现场指导、引导讨论或提供富有刺激性的实地考察来达到这一目的。但是，其中任何一种方法都有可能失败。

那么何以区分成功与失败呢？首先，无论教师讲演与否，某些潜在的原则超越实践并且影响学习环境；其次，一些关键技巧推动这些原则的运用。要想懂得教学成功的秘诀，我们必须既研究原则，又探索技巧。

统一原则

在那些作为我们研究对象的教师的教学实践中，有七条相当普遍的原则。

1. 创造一个自然的批判性的学习环境

优秀教师的高明之处在于尽力创造一种自然的批判性的学习环境。所谓“自然”是因为学生“无意中”遇到某些问题和任务，其中包含了他们正在努力学习的技巧、习惯、态度、信息，这些内容对学生具有吸引力，这些真实的任务能激发好奇心，成为内在的兴趣。所谓“批判”是因为学生学会以批判的态度来思考，以证据来推理，运用各式各样理智的标准来检验他们推理的质量，在思考的同时作出改进，对别人的思想提出具有探索性和深刻见解的质疑。

有些教师在讲课中创造这种环境；有些教师利用讨论，另外有些教师利用个案研究、扮演角色、实地考察或各种其他不同的技巧来创造这种环境。相当一部分教师利用学生正在承担的中心项目来创造这种环境，这种项目通常是和班上其他同学协作完成的。有些讲演启迪心智、激发兴趣，旨在给学生提供质疑他们以前思维方式的思想和证据。学生在听讲演时不知不觉便把问题解决了。还有一些时候，他们在小组或更大的班级讨论中提出这些问题。事实上选择的方法会因为不同的因素而变化，包括学习目标、师生的个性和文化背景以及双方的学习习惯。但是，让学生接受挑战、允许他们解决真实和引起兴趣的问题和任务、去做各种决策、保护他们选择的权利、允许考试不及格、接受对努力的反馈、再次尝试，等等，所有这些比所谓的学习方法更重要。最优秀的教学创造了一种感觉，就是无论他们是在聆听教授讲课时悄无声息地解决问题，还是与教授和其他学生大声地论理，都会感觉每个人都在协同工作。此外，问题、要点和难题都是真实的：它们对于学生似乎很重要，对于可能从事该领域问题的专业人士而言也同样重要。①

一个令人感兴趣的问题或难题是构成自然的批判的学习环境五个基本要素中的第一要素。第二个关键因素是在帮助学生理解问题意义时要悉心指导。有些教师设置了含义非常清晰的问题，让问题变得有驱动力和刺激性，通过此法完成指导。几年以前，我们请得克萨斯大学的哲学教授罗伯特·所罗门（Robert Solomon）谈一谈他如何给一群大学教师讲课。所罗门将他的讲演称为“谁杀了苏格拉底?”，他的这个标题让这些知识分子对其探究苏格拉底的教学法和苏氏教学法为何如今遭到冷遇颇感兴趣。当我们观摩所罗门的一堂关于认识论的哲学入门课时，只见他站在

① 自然的批判性的学习的基本观点已扎根于批判性思维与主动学习运动之中，补充和扩大了这两种思想。当主动学习认识到最好的方法是让人们专注于他们自己的学习时，自然批判性学习意识到如果学习者决定这样做时，这个行动才最有效，因为她认为它将帮助她满足一种求知的需要，帮助解决她视为重要、有趣或美丽的一个难题，不仅仅是有人告诉她去和她的邻居交谈一下。批判性思维从学生通过问题来形成推理能力的角度来给学习下定义，而自然批判性学习定义了他们如何获得这种推理能力的方法。

一帮大一和大二的学生面前，他两眼直视学生发问："这里有人确信自己非常了解某样东西吗?"他提问的方式本身就给问题赋予了含义。因为人们在力图对自己的问题作出回答时学习的效率是最高的，所罗门努力帮助学生在不知不觉中将他的探究视为自己的研究。当学生匆忙寻找正确答案时，他们便卷入这个或那个解答之中，他们开始领会这一现代探究的目的。一旦发生这种现象，他们的学习可能就开始了。

很多教师从来不提问题，而是直截了当地给学生答案。如果他们真的要对付需要智商的难题，他们经常仅仅将注意的焦点集中在自己的学科和在该领域能激发最尖端成就的争论点上。与此相反，最优秀的教师往往把相关学科问题埋置于视野更为广阔的事物之中，常常采取跨学科的方法来解决问题。当达德利·赫希巴赫（Dudley Herschbach）在哈佛大学教化学时，他将科学、历史和诗歌融会贯通来讲课，讲一些人类探询天地万物的故事来了解自然的奥秘。因为他把科学当做探索之旅，而不是一系列的事实，他引领学生投身于历史斗争的长河之中，去探询和了解宇宙之谜。关于聚合物的一节课变成了尼龙的研发如何影响第二次世界大战结果的历史故事。他援引诗人和画家用来激发想象与奇迹的艺术手段来俘获心灵的力和美。当主修化学的学生拼命去理解领会科学家已经发展起来的概念和构想的同时，他要求他们也去写写诗。

最成功的问题经常具有很强的煽动性，即被一位局外人戏称为"引你上钩"问题。当你放学回家发现父亲撒手人寰，母亲改嫁叔父，并且父亲的幽灵浮现，述说他惨遭毒手，你会怎么办?为什么有些民族要漂洋过海去祸害其他的民族，而有些人只想待在家里管好自己的事情?为什么人类有时候甘愿离开温暖舒适的家，长途跋涉进入荒原、大漠或丛林去大规模地互相残杀?为什么有的人贫寒，有的人富裕?你的大脑怎样思考?什么是生命神秘复杂的过程？人们能提高他们基本的推理能力吗？

有些教师有时候用讲故事的方式来提醒学生怎样把当前的问题与使他们感兴趣的大难题联系起来。当所罗门为本科高年级讲授存在主义这门课时，他先讲了一个故事。那是20世纪40年代初期，法国沦陷后在纳粹统治下的生活，他提醒学生，即使像对一个朋友窃窃私语这样一种寻常活动也会在那个警察国度引起悲惨的结果。他用这种叙述一方面帮助学生理解形成萨特思维的政治和社会环境，另一方面就存在主义的起源与含义提出问题。

第三，自然的批判性的学习环境也使学生参与某些高层次智力活动：鼓励他们进行比较、应用、评估、分析、综合，而决不仅仅局限于听课和记忆。这常常意味着请学生作出判断和辩护判断，然后为作出决定提供一些证据。他们可能会对他们遇到的关于一些重要问题的争论作出判断，决定何时与如何去使用某一方法，确定他们所见所闻的含义，或在解决一个问题的不同方法中作出选择；或者以上事情都做。罗伯特·迪万（Robert Divine）针对美国历史提出一个重要问题，帮助学生在重大争论的来龙去脉中看清那个问题，与他们共享其他学者尝试回答那个问题的一些主要方法，然后激励全班学生评价他将提出的论点。唐纳德·萨里运用故事与问题结合的方法来激励学生批判性地思考微积分。他解释道："当我完成这个过程，我要学生感觉到好像是他们发明了微积分，仅仅是由于生不逢时错过了与牛顿争署名权的机会。"事实上，他激励学生去发现计算曲线下的面积，将过程分解成最小的概念（不是步骤），提出各种苏格拉底式的问题，以帮助学生度过最困难的时刻。与许多和他本学科的同事不一样，他不单单在学生面前演算微积分，而是提出能够帮助学生通过过程进行推论的问题，旨在明白问题的实质，考虑如何回答问题。他解释说："我要学生构筑自己的理解力，这样他们就能描述怎样解决问题的过程。"

第四，这种环境也有助于学生回答问题。有些作为我们研究对象的教授提出重要的探究问题，并激励学生自己形成自己的理解和解释，并且为自己的观点辩护。萨里说到他的微积分课："我最大的成功在于，我让学生自己回答问题。"其他人提出争论和解释来支持那个过程，甚至有时候运用"讲演"来完成。

第五，自然的批判性的学习环境给学生留下一个悬念："下一个问题是什么？""现在我们能问些什么？"有些老师用一个问句来回答问题："你怎么认为？""如果这是对的，那么为什么（怎样，什么，在哪里等等）？……""你说的话是什么意思？"一些作为我们研究对象的教师运用一种我们 20 世纪 60 年代第一次碰到的技巧，但是那种技巧很可能至今依然流行。快要下课的时候，他们经常会问学生两个问题："你们得出了什么主要的结论？""你们还有什么问题？"（在 20 世纪 80 年代，一些教育家发现了这一教学方法，并且冠以各种名称：一分钟报告，即时反馈等等——并且他们都宣称这种方法是他们自己首先发现的。）有时候他们会问学生为什么会得出这种结论。他们可能在公开的讨论中提出这个问题或者让学生写一篇书面回答。随着因特网的问世，一些老师要求学生课后上网回答。

在师生互动的讲授过程或讨论和引发问题的课堂教学中，不同的老师有选择性地运用这五个要素。在 20 世纪 90 年代，西北大学的"学习科学研究所"与几位教授一道研究高度互动的多媒体计划，力图创造自然的批判性的学习环境。譬如，宾夕法尼亚大学艺术史教授拉里 · 西尔弗（Larry Silver），研制出一个名叫"它是一幅伦勃朗的作品吗？"的软件。在那个程序中，一位博物馆馆长给学生提出了这样一个问题：一场极负盛名的伦勃朗作品展即将开幕，但是出现了有关三件美术作品真实性的问题。每个学生担任该馆的高级艺术审查员，调查这些可疑作品。为了查个水落石出，学生必须甄别这些绘画作品，找出论据来支持他们的结论。他们可以审查每件艺术品，将其与相似的作品进行比照，查阅馆长的卷宗，或进入馆藏室。虽然在每一个环节他们都会碰到问题，但是他们决定哪些问题要追查，通过资料选择自己的路径。如果他们决定要审查一幅画，譬如，他们可以选定一个区域，深入观察蛛丝马迹，研究画法和构图；他们可以就有关其他作品和他们正在调查的艺术的关系提些问题。一位专家马上在屏幕上出现，提供一个简短的回答，每一次回答会产生更多的问题。譬如，当学生们已经锁定检查《穿着护喉甲的老人》这幅画表面的画法时，他们可以询问伦勃朗的学生是否在他们的画作也采用混合绘画风格。假如他们真的提问，西尔弗教授就会出面给他们介绍“气势恢弘的表现法”，然后学生可能会问：“什么是气势恢弘的表现笔触?”只有在这种情景下，才会问到这样的问题。

慢慢地，学生获得了自己对于艺术史的理解，了解了本学科所研究的重要问题以及什么构成了回答这些问题需要的证据。他们对伦勃朗工作的艺术世界形成了自己的见解，理解了批评家、鉴赏家、收藏家、学者这个圈子，也理解了多年来围绕这位荷兰大师、他的弟子和他的模仿者所产生的争论。他们确立了一套词汇用于思考各种争论点，加强了对于技术细节和程序的认识和理解，形成了记忆和运用浩瀚史实的能力。总而言之，他们学会了像优秀的艺术史家那样去思考，理解和欣赏本学科探求的问题，构思自己的重要问题，懂得各种可能帮助解决争论的证据和如何使用那个证据去破解疑团。在他们寻找证据以鉴定某些作品真伪，而不是单单费尽心力记住事实的过程中，他们做到了上述所有事情。

当学生认为他们能够证明有理由得出一个具体结论时，他们就整理他们的证据并上呈博物馆馆长。如果争论的理由不充分，她会以富有建设性的批评作答，让学生回去再作调查。即使证据翔实，她还是会提出新的问题。任何结论都只不过是开启了其他可能调查的领域之门。

杰拉尔德·米德（Gerald Mead）为他的法国现代史课程构思了一个类似的程序，叫做“请你参加一次革命”。该程序邀请学生踏上重返18世纪末叶之旅，看看是否能够避免法国革命的过激行为。在德博拉·布朗（Deborah Brown）的物理课中，学生可以使用一个激励他们造电梯的程序。在珍妮·古德温（Jean Goodwin）有关言论自由的课程中，学生可以扮演最高法院的法官，决定一个棘手但现实的案子，询问人们是否要为他们言论的长期后果负法律责任。同样在另一个叫做“新兴经济学”的程序中，经管系的学生可以针对在新兴经济的形势下如何做生意向一个假想公司的执行总裁提供建议。

这些程序的魅力并不是储存在尖端复杂的电脑编程中（当然，也许有人会说他们在这个“盒子”之外工作可能效率更高），而是存在于创造自然的批评性的学习环境的过程中，学生可以通过动手、接受任务、智力活动或其他状态包括他们想要做的事情来进行学习。

这一切很吸引人吧？是的。但是，实施起来却代价不菲。另外，我们看到了运用模拟手段、个案研究、分析问题、实地调查甚至上课时的讲演活动，也能够在教室里创造出同样类型的自然的批评性的学习环境。当查德·理查森的学生做有关他们自己文化的人种学研究时，在查利·坎农的学生想方设法治理纽约港的污染时，我们同样看到了类似的学习环境。意大利文艺复兴史教授埃德·缪尔（Ed Muir）重现文艺复兴时期的审判，帮助学生加深对那个时期的理解和运用证据来得出历史结论。唐纳德·萨里将一卷厕纸带到教室，问学生如何计算它的体积，然后促使学生将那个问题分解成最小的成分。珍妮特·诺登将患者带到她的学生面前，激励这些未来的医生通过真实的临床病例来思考。有些老师运用个案研究的手法来施教，譬如，在一堂历史课中，学生们可能分成小组来描绘各种历史名胜。在一堂国际关系课中，当马克思主义者萨尔瓦多·阿连德（Salvador Allende）在1970年当选智利总统时，学生们可以为理查德·尼克松（Richard Nixon）制定政策，稍后在同一个小时内，以1972年为背景，学生们又可以给阿连德提出建议以应对过去两年中尼克松政府实行的经济战。为了准备这些案例，学生必须分组学习来研究这些事件和它们代表的派系，阅读各种历史记录和文献。在这个过程中，他们学会了认识历史问题的本质，如何运用证据来帮助解决问题。他们试着找出相互矛盾的解释，并运用证据、概念和学科专业的推理来开始评估这些解释。

我已经在本章中强调自然的批评的学习环境并不依赖教师讲课与否，但是那些教学有方的教师上课时几乎总是运用上述五个自然批判学习的要素。他们以提问开始（有时穿插在故事中），继续尝试帮助学生理解问题的意义（将问题与更多更大的问题联系起来、以具有煽动性的方式提出问题，提及问题的含义），激发学生以批判的眼光来对待问题，对如何回答那个问题进行争论（用证据、推理和结论来完成），以问题结束讲课。唯一不同的是有时候最优秀的教师省去他们自己的答案，而不那么成功的老师则经常是死抠那条要素，去回答一个无人关心的问题。

在那些最优秀的教师手中，讲课成为澄清和简化复杂材料的一个方法，尤其是在讲解重要的和具有挑战性的问题的时候，或者要引起对重要事件的关注的时候，或者要煽情、强调的时候。讲课并不是用来对某些主题进行百科全书式的覆盖，或作为向学生显摆教师知识如何渊博的方式。我们尚未发现完全依赖讲课的大师级老师，即使像珍妮特·诺登这样天赋很高的人也不完全依赖讲课。但是我们发现确有其人，他们的讲课帮助学生提高了学习的深度和广度，因为他们提出问题，调动了学生对这些争论点的注意力。在思考这些问题、面对这些问题、检查证据、进行推理而不是死记硬背的时候，学生们全身心地投入其中。最重要的是，讲课乃是扩大探索的一部分、学习环境的一个要素，而不是学生的全部经历。

有些人讲课时高度互动，他们会偶尔停下来，请学生谈论某一话题，讨论他们的理解，或是考虑何时以及如何运用某些概念和程序。很多教师以小组形式组织教学：他们精心构思作业以刺激这些小组在课外通力合作，并一起面对智力难题和课程问题。他们可能给学生一份关于某些话题的书面"讲演"供他们在课堂上阅读，让他们识别其主要争论和结论。因为学生在 15 分钟内可以阅读 50 分钟讲演的内容，然后他们可以聚集在小组内再花 15 分钟讨论"讲演"材料的含义、应用、影响等其他内容。在最后 20 分钟的时间里，教师可以用来答疑，澄清误解，指点学生如何能够学到更多的知识，问些附加问题，总结内容，最后让学生写出他们的主要结论和得出结论的原因。在某些学科中，指导可能在最后 20 分钟才开始，这时教师要一个或几个小组提交"讲演"的中心论点和主要结论的简短总结，而在另一些学科中，教师要学生走到黑板前，通过运用书面材料中谈到的方法来解答难题。①

一位教师经常请学生扮演唱反调的人，让他们尽其想象与教师在课堂上得出的结论较劲，并且提交每一个他们想得出来的论点。近年来，他请学生上网提供他们的答复。另外一个老师要学生列出一份她与其他学者在得出某种结论中正在做的假设。还有其他人偶尔请学生讨论中心结论或原则的含义。

在所有这些自然的批判性的学习环境的事例中，学生碰到的

---

① 此处描写的分配书面材料的方法运用时必须小心谨慎。学生对于劝说他们这是在别处无法得到的有价值东西的体验，他们必定会避而远之。因此，仅仅是给课本分分段落和要学生花费上课时间去讨论这些段落很可能效果不会很好。

是安全但富有挑战性的情况，在这种情况下他们可以尝试、失败、收到反馈，可以反复尝试而没有累计性的评定。他们依靠敢于实践来学习，甚至凭借失败来学习。他们获得了特殊的推理技巧，同时，这种经历本身也使他们和他们的老师知道他们是否学会了本学科的推理技巧。

简单但深奥的观点指导着自然的批判性的学习体验，这种观点是：(1) 当人们觉得问题有趣味又美妙或很重要时（不管问题是智力的、自然科学的、艺术的、实际的，还是抽象的）；(2) 在一个具有挑战性然而有人支持、鼓励的环境里他们能够做到这一点，置身其中，他们觉得对他们自己的教育有控制感时；(3) 他们可以与其他学习者合作学习，尽力解决问题时；(4) 他们相信他们的工作将被视为公正和诚实的时；(5) 在老师对他们的努力作出评价之前，他们可以尝试、失败，可以从有经验的学习者那里得到反馈信息时；人们往往学习效率极高，并且这会对他们的行为、思考或感知的方式产生一种持续的、本质的和积极的影响。

2. 引起他们的注意并且保持下去

自然的批判性的学习之理念作为一个有机的、强有力的理论基础，为开展最出色的教学活动提供了智力支持，同时还有另一些原则为我们研究对象的行动提供指导。运用一些具有煽动性的行为、问题或陈述，他们有意识地设法去捕捉学生的注意力。“人的大脑必须首先集中精力注意如何理解、运用、分析、综合问题，或评估某物，”一位教授在我们经常听到的一个论断中告诉我们，“教师可以帮助刺激那个注意焦点。”哈佛大学的政治理论家迈克尔·桑德尔（Michael Sandel）评论道：教书“首先”是“关于如何控制注意力和保持注意力”。这就意味着不仅是一般性地激发学生对这一学科的兴趣，而是每节课吸引和保持他们的注意力。桑德尔强调说：“我们的任务有点像推销软饮料或其他产品的商业活动。”他继续评论道：唯一的区别是教授一旦抓住学生的注意力后，处置注意力的方式不同。他说：“总而言之，为了改变学生们可能在大部分时间一直关注的内容，我们要掌握他们的注意力。我们要抓住学生并且把他们的注意力引向其他地方。”

凭借一个具有煽动性的问题或难题，用学生以前从未想过的方式提出一个论点，或者运用富有刺激性的个案研究，或者是用带有目的性的情节梗概来开始一场讲演，教师就能成功地抓住学生的注意力。

3. 从学生本身而不是从学科出发

为了抓住学生的注意力并且为了更高的目标而保持他们的注意力，教学精湛的教师会用某种方式开始授课，诚如桑德尔所言：“用学生关心、知道或学生认为他们知道的东西来开讲，而不是一来就展示蓝图、大纲、数据、理论这些我们自己的东西。”这种方法的实质支持了若干理念。对于桑德尔和其他很多人而言，这种方法是以苏格拉底式的对话为根据的。桑德尔解释道：“苏格拉底先留心人们认为他们知道的东西，然后他设法慢慢地有计划地把他们从熟悉的地方牵引出来。”这样的方法常常意味着让学生开始以他们自己的眼光跟一个论点较劲，就是在他们熟悉该论点之前，叫他们明确表明一个立场。当唐纳德·萨里叫学生将一个微积分难题分解成更小的部分时就是运用这一手法的。运用苏格拉底的提问方法，他讲课时用能启发学生的“常识”来开头，然后，通过一个接一个的探问，他帮助学生加上学科探索能给他们的“力量”。桑德尔把这种教学方法比做他教他儿子打棒球的方法：“我可以给他们详细讲解怎样握球棒、站位，怎样寻找从投手手中飞出来的球，怎样转体；非要他们听过几次棒球课之后才允许他们拿球棒。或者，我可能给他们一个球棒，让他们打几下横击，完了之后，我可能发现孩子动作中的一点问题，如果加以纠正，使其成为更好的击球手。”在教人打棒球时，第二种方法似乎比第一种方法更加高明、更为合理。这就是桑德尔和其他人用来教学生如何思考的方法。

每年都有 700 多名学生涌入哈佛大学桑德尔的教室上他的司法公正课。为了帮助他们成为优秀的政治哲学家，他在上课的第一天带来一个能引发兴趣、需要思索的棘手难题。这个难题引出很多问题，他要学生开动脑筋，破解这个难题。他请学生想象下面的情景：你是有轨电车司机，失控的车子正向在铁轨上工作的五个人冲去。你无法刹住电车，似乎车子注定要碾过他们，把他们压死。正当你在铁轨上减速行驶，一分一秒临近这场即将来临的悲剧之时，你突然注意到一条可以驶入的铁路侧线，假如你愿意这样做的话，唯一的问题是有一个人在侧线上工作。如果驶入侧线，毫无疑问车子将把他压死。“你会作出什么样的选择？”他问学生，“你是否把车子驶入侧线，压死一个人但是救出另外五个人？什么是最正确的选择？原因何在？”面对此情此景，学生往往是毫无困难地作出决定：拿一个人的性命去救那五个人。

于是桑德尔给这个故事又设计出一个新场景。他说，假设你不在车上，而是站在天桥上看着车子驶近那五个人。当你目睹惨剧就要发生时，你注意到一个大块头男人站在你身边，身子越过天桥的栏杆盯着看热闹。你飞快地计算，如果你把此人推下天桥，他将落在电车前面的铁轨上。他必死无疑，但是他的尸体会阻挡车子，救出五条命。把那个人推过栏杆是否正当？

在这个练习当中，桑德尔希望激发学生去思考合法性的基本问题，在将他们自己的思维与某些大哲学家的思维对比的过程中理解自己的思维。当他们开始的时候，他们与在沙地玩耍的孩子即将参加联赛一样，没有为任务做好准备，但是他们在动手做事，接受对于他们努力的反馈这一过程中学习。于是，桑德尔通过这门课程将所有他要考虑的主要哲学流派和作家穿插在他打算引起学生兴趣的当代意识形态的斗争中。他具有历史知识的意识帮助他从密尔斯（Mills）或康德那里选择合适的路径，他对学生的了解和关心有助于他选择能够使学生感兴趣的政治、社会和道德的争论。同样重要的是，他不断地改进问题以适应一届又一届的新学生。

许多优秀的教师深思熟虑、仔细斟酌，努力面对一些学生们可能带到课堂上的思维范式或思维模式。这一做法也与传统思维分道扬镳。大多数常规的教育遵循一种完全起源于学科的体制，一套需要讲授或涵盖的题目和科目。我们在研究中碰到的学习方法顾及学科与学生学习双方的情况，考虑到学生可能掌握的那些重要、棘手的概念（从学科的观点出发），然后设计能够激励每个学生积极向上的教学，选择最能帮助学生发展对整体综合理解的安排。我们看到课程是围绕着一些思维模式进行的，这些思维模式都是学生们很可能带进课堂，也正是该课程所要质疑的。而这样的课程就是我们称之为“以学生为中心”，而不是以“学科为中心”或“教师为中心”的有效教育模式。

从学生的实际状况出发，而不受学科传统的支配，这一理念已经对课堂教学实践产生了另外的影响：它引领讲解从简单开始，再向高深复杂展开。“如果学生的知识水平只有这么低，”珍妮特·诺登一边解释一边用手贴近地板，“你就不要从这么高开始。有些医科学生进校时甚至不知神经元为何物——神经元是一种脑细胞，所以你不得不从那个简单的概念开始，然后你可以从那里快速地构建医学基础。”①

4. 确定责任

杰出的教师要求学生上课和学习时心存责任感。开学伊始，

① 神经元在大脑中当然不仅仅是一个细胞，但是她开始用一个简单的概念来帮助学生建立他们自己的解释。

有些老师在宣布课程承诺和计划时即开宗明义，要学生决定是否真的要按照老师规定的方法追求学习的目标。另外的老师正式写出明确的责任，他们将其视为决定跟班听课的必要条件。“我在讲课的第一天就告诉学生一旦决定选这门课就要每次都来上课，”有位教授解释说，“我也告诉学生我决定教这门课就意味着我会提供值得一听的课堂教学，如果他们认为我没有做到，我也请求他们告诉我。”数学教授唐纳德·萨里与获奖工程师理查德·勒普托（Richard Leuptow）也要求学生这样做。这也是查利·坎农在他的创新工作室第一天展开计划和明确共同责任时所做的事。这是一个坚定但友善的恳求，勒普托要求学生举手表决他们是否愿意每次上课按时到堂、每天开动脑筋、积极思考。我们听到不止一个人说：“学这门课的决定是你自己作的，但是一旦作出那个决定，你就对这个学习者团队中的每一个人负有责任。”

有些教授试图控制学生，就像训练士兵一样。上述方法和这些呆板的方法之间有一种微妙但极端重要的差异。这些教师在学习中从来不去刻意命令学生，与此相反，如果学生计划修这门课，他就会向他们要求履行承诺。一位教授告诉我们：“我要我的学生决定他们是否真的想要修这门课，想去追求这些目标，认识到在课堂的学习研究中需要付出什么东西。我要他们对此作出思考后再决定。”即使没有任何正式和公开的承诺仪式，水平高、经验足的教师处理每一节课仿佛都期待学生去听讲、思考、回应。很多小习惯都折射出那种期待：他们的目光交流、声音中的热情、倾听学生回答问题的愿望。这与对学生简直不屑一顾的那些教授形成鲜明的对比：他们在一成不变的场景中口若悬河，好像并不指望学生听讲，他们从来不愿费一点心思去发动一次讨论，或问一次反应，因为他们不指望任何人有任何反应。

5. 帮助学生进行课外学习

教授们在课堂上传授他们认为最能帮助和激励学生课外学习

和师生交往中学习的东西。这种方法跟因为它是传统的或是因为它“涉及”或“涵盖”所学专业而简单地决定做什么是根本不同的，但是它可能涉及各式各样的传统方法：帮助阐明和简化的注解，使学生阅读或学习更多的复杂材料；给学生学习机会的一次讨论会，让他们去面临新的问题，在接受一个科研项目以前与别人一道探索自己的思维；既面对现行理念又激发起对抗新理念的论证；使学生能够实践批判思维，并意识到他们自己的理解水平与推理能力之间差距的辩论；让学生共同奋斗和帮助建立集体意识的团队工作。这种差异产生于老师的计划和作出这些选择的原因。因为最优秀的老师反向规划他们的课程，首先决定在期末时学生应该能够干什么，然后他们制定一系列通过课程可以实现的智力发展计划，其目标是激励学生自学，激励他们深入思考。平时上课的时候，教师可能给学生布置作业，但是他们很少在课堂上帮助学生做功课。

6. 激励学生从专业的角度去思考问题

杰出的老师会利用课堂时间，帮助学生以学者从事专业研究的方式来分析资料和观点。他们审视自己的思维方式，使学生明确地知道那个研究过程，不断地督促他们也这样做。他们不仅考虑怎样去教专业，他们还考虑教学生去理解、运用、分析、综合并且评估证据和结论。有些老师运用苏格拉底的方法，还有的老师运用解释和提问相结合的方法，差不多也达到同样的效果。一位老师告诉我们：“我们不能搞无米之炊，学生无法凭空学会推理，但是知识并不是通过死记硬背孤立的论据学来的，而是从推理的能力，也就是说，从推理的过程得出结论的能力学来的。”我们看见教师在作讲解或指导讨论的时候，要学生注意明确的推理。我们看到教授们不断地叫学生分析他们在讲课、阅读时碰到的论点和彼此之间的争论。在考试当中，他们让学生运用他们的临床、科学和历史的推理技巧，以集中强化课程教育目标中涉及的推理能力。

通过这样一种方法，老师帮助学生逐步理解概念，而不是在他们面前单纯演示专业知识。很多的数学家、化学家和经济师，他们花了不少课堂时间在黑板上解题；与此截然不同的是，那些杰出的同行则提供解释、类比和问题。这些东西将帮助学生懂得基本概念，因此能解决他们自己的难题。然而，另外有人争论说，学生必须先学（记忆）信息，到后面才可以用推理，作为我们研究对象的教授们则认为只有当学生自主地用这些事实进行推理时，他才会掌握这些事实。

在课堂上，他们可能鼓动学生参与一个高度互动的“讲课”，那时他们给出了一道难题，接着循循善诱地帮助学生识别一些他们认为需要用来破解那个难题的证据，以及这一证据是如何搜集来的：“这是我们迄今为止搜集到的证据；你怎么利用它？你看出什么问题？就这个证据你能提出什么问题？我们还需要什么证据来回答这些问题？我们将如何发现和搜集证据？这就是你所建议的做法带来的结果。现在，问题以及这种证据和暂定的结论（假设）是什么？”有些老师可能让学生分成小组来识别主要争论：争论中运用的证据的种类（观察的和推导的），存在于两种争论之间赞同的类型和反对的类型（信仰还是态度），争论的假设和影响，追加调查的合适方法。

7. 创造多元化的学习体验

“人的大脑喜欢多样性。”珍妮特·诺登反复地告诉我们。为了满足大脑的欲望，她和其他名师用各式各样的手段来讲课。有时候他们提供视觉信息（图片、图表、流程图、要事年表、电影或表演），还有的时候进行听觉输入（演讲或者听觉信息的视觉符号——手写的文字和数学符号）。他们允许学生通过讨论解决问题，相互之间沟通交流；但是他们也给学生一个机会去独立思考，或倾听别人解释。有些材料是从事实、数据、实验到一般的原则和理论按照归纳法组织的；其他的东西则是将原则运用到具体情况，用的是演绎法。老师给学生一个机会循序渐进地学习，一次学一条；有时他们也给学生通盘学习的空间，通过顿悟的方法来学习。有些学习涉及重复和熟悉的方法，有些学习包括标新立异和出其不意的方法。最优秀的老师力图在有条不紊和眼花缭乱之间保持平衡。

一个老师告诉我们："学习模式这种东西最大的贡献是它唤起对多元化需要的注意。我并不认为大多数人只有唯一一种的学习模式，而不能换一种方法学习，但是我坚信大家都能从多元化的学习中受益。"

课堂教学中的技巧运用

尽管这七项原则非常有效，但如果教授把握失当，这七项原则依然会达不到预期的效果。在学生面前的表现影响到学生学习的好坏，这牵涉到一些教学技巧、技能甚至体能。如果教学基础过于薄弱，这些技巧对于教学改进作用不大；但是对比较好的教师而言，琢磨这些技巧可以使教学艺术锦上添花。当然，这样一种对课堂表现的关注还是"以学生为中心"，焦点对准了旨在促进学生学习的细节。

让我们看看这个教学技巧的两个要素：说话的能力和促使学生说话的能力。

1. 注重口才

作为我们研究对象的老师，在课堂、实验室、工作室或与学生相遇的任何地方，展现出的最重要的技巧或许就是以口头表达的方式刺激学生思维的能力。没有学者会否定写好文章的重要性。当然，擅长写作基本上涉及思维能力，但是也需要一定的技巧，甚至对点滴细节和规则给予相当多的关注。在学术界，写好文章特别重要，相比之下，口头交流技巧则显得不那么重要。然而，对于我们的研究对象而言，口头表达的能力——言简意赅的说明或长篇大论的解释——依然是很重要的，是一种与写作一样需要精益求精的技巧。

所有最优秀的老师都喜欢与学生交谈，这些谈话的质量对教学的成功产生非常重要的影响。一般说来，最有造诣的老师才能找到最好的方法来对事物作出解释，而我们的所有研究对象都注意到：改进自己的口头表达技巧会使学生的学习反馈更为积极。现在我将焦点对准那些传达技巧炉火纯青的人，其学生对他们趣味横生的谈吐、准确无误的指示和精辟透彻的解释津津乐道，让我们集中论述他们的实践和洞察力。

最重要的是，最成功的老师认为他们对学生讲述的任何东西，不论是50分钟的讲演还是2分钟的解释，均是谈话而不是表演。他们与学生互动，激励并且允许学生之间互动，以及和学习材料互动。他们吸引教室中的每个人参加对话，做出各种手势和体势语，将他们的要求传达到每个学生。因为他们希望学生思考和理解、正视难题、学会动脑筋的技巧、参加与老师和同学的谈话，所以在说话的时候他们检查学生的理解能力、并且确保教室里每一个人都要参加讨论。

最富有感染力的老师往往开始讲解要点时要先注视一个学生，然后把目光从一个学生游移到另外一个学生，在完成这个讲解之前，将目光停留在教室后排的某个学生那里。在大教室上课，他们可能会特地问坐在教室后面角落的学生“在你那边能听见我讲话吗？”或者“在你那边看得见这儿吗？”。大多数我们研究的老师经常运用旨在加深印象的反诘句，尽管只是问问，例如“这有意义吗？”。他们观察学生的反应，辨认他们的眼神和体态语言，针对他们在教室中看到的那些心领神会、迷惑不解、手足无措、流露厌烦情绪的面孔，而调整讲课的方式。他们记住学生的姓名并且探访他们。他们走下讲台，消除人为的隔阂。他们寻求学生的反馈，打断讲课来提问，一次中断十秒钟，注视学生。显而易见，有些老师经常为理解一个理念或者作出一个最佳解释而竭尽全力，并营造自动交流的意识，促使学生感觉到他们是在共同努力，同时也是这场谈话的一分子。而有些老师热衷于和学生开些善意的玩笑，允许他们提问，发表评论，并在对话中保持主动。根据苏珊·威尔特希尔的说法，这种教学无异于邀请学生围着饭桌相互交流。

然而，为了取得谈话般的感觉，老师们在注意课堂表现的同时，又十分在意学生的人数、教室的形状和大小。但他们没有像演绎固定剧本的电影或电视节目那样去上镜头，而不管这种表演会激发何种反应，也没有忽视与场内所有学生交流的要求。与六个学生围在桌旁讨论或两个人坐在起居室里聊天相比，给两百个学生讲课需要更多的能量和更大的音量。

那些极有功力的讲演者用会话语气授课，但是声音的穿透力能让在场的每个人都听得清楚。他们的讲话既清晰又缜密。他们会略作停顿让讲话的要点给学生留下深刻的印象。在讲述一个重要的论点时，他们不会起步走动；如果他们正在走动，他们讲完要点之后才会停下来。在大的讲演厅讲演时，甚至为了达到一个细微的效果，他们做出夸张的手势；在讨论会上，他们做出小的动作以达到大的效果。不论房间的大小如何，他们讲起话来仿佛他们早已相识，并且希望吸引每个学生的注意，包括吸引那些坐在后排学生的注意。①

---

① 他们懂得并使用丰富和独特的口语交际词汇，其中一个姿势——来个苦笑或甚至皱一下眉头——有时可以替代语言，提醒听众一个要点已经讲过了。他们运用他们的声音给信息和观点画上人脸，传达出热情和兴趣，对知识的热情，以及对其他看法的欣赏。

许多我们研究的对象说，在他们教书生涯的某个时期曾经训练过发音——正音矫字——对着镜子排练讲解。还有人告诉我们，他们曾经有意识地去努力不让自己在教室中踱步或对着黑板讲话，消除一些紧张和使人分心的面部痉挛——这也许是在观看他们自己的教学录像带之后发现的；要去注视后排的学生，向他们做手势，有时候向他们提问。有些老师告诉我们，他们不断地在音色上下工夫，钻研适当的手势，甚至对他们讲课时蔫头耷脑和含糊不清的毛病开刀。

教师在这种谈话或课堂表现之中有一种戏剧感，还有一种分寸感，能够把握什么时候中断谈话，让关键的概念留下印象。对思维、计算或加强理解而言，这种语速的轻微变化成为关键论点后面的惊叹号、触发器。[①] 罗伯特·迪万熟谙此道：如何在讨论会上提出一个合适的问题，然后怎么样耐心等待，甚至经过数分钟的沉默，好让他的学生思考答案。有时候炉火纯青的讲演者在讲完一个重要论点之后稍微停顿一下，站着纹丝不动；当他们有意要把学生的注意力集中到论点上时，他们的身体语言会暗示暂停他们自己的兴奋，并且给学生思考的时间，他们知道此时无声胜有声。

他们还知道什么时候改变语速。每 10 到 12 分钟，他们改变节奏和讲授的内容，转移方向或焦点，改换活动或题目，用一个故事或问题来强调一个解释，结束或开始一项练习。有些老师谈吐间穿插一点幽默，有的老师从具体讲到抽象。如果学生在讲话；他们就停下来；如果他们保持安静，他们就讲课。

帮助学生学习的强烈意念——就是优秀老师有效影响学生的内驱力。然而，没有任何一份涉及这种教学能力和教学准备的一

① 喜剧演员把这个称之为“放松”，一个大笑的信号。对格劳乔·马克斯而言，就是给他的雪茄撣烟灰；对约翰尼·卡尔森来说，相当于撸袖口。在教室中，这些手段是思维的信号。由于安·伍德沃斯指出这些例子和类似的现象。

览表能够充分记录这种帮助学生学习的强烈意念。

意念是一个传统的概念，曾在剧院中盛行，在促进优秀的演员说出恰到好处的台词方面，发挥了很大的作用。当老师进入教室，一心想激发每个学生的兴趣，想自由有效地进行交流，想帮助每个人理解，想诱发反应，想培养深度思考，想参与，想包容多元视角——当老师满足这些意念时，最佳教学状态就出现了。这些伴随教育者的目标和情感影响了他们的一言一行和工作方式。一位教授告诉我们："每当我走进教室，如果心中暗想：只要挨过这一个钟头就行了或者向学生显摆一下我的学问。这种心态必然影响到课堂教学，这一刻就导致了我这一课教学的失败。我无法解释它怎样或为什么产生了一种差异，但是它确实如此。"

许多教授告诉我们，在走进教室前的几分钟里，他们经常在办公室里平心静气地坐一会儿，把当天和后面几天他们需要帮助和激励学生去做的事情在心里过一遍。珍妮特·诺登告诉我们在每个学期上第一节课时，她不由想起第一次有人向她解释大脑时她感觉到的畏惧和兴奋。她考虑她如何能够帮助她的学生得到那种感觉。安·伍德沃斯经常谈起一个球的威力，她想象它来自地下，用一种能量注满她的身体和灵魂，她把它带到教室和排练厅。她的描述听起来像一种自我催眠的形式。

有些人可能排斥这样的传统做法，因为过多的幻术妨碍更重要的准备工作。总之，我们必须超越剧院古老的传统做法和智慧，来寻求理解的力量和运用意念来影响他人的力量。教学不是表演，然而优秀的老师确实希望说话时能影响听众：抓住他们的注意力，鼓舞、激发思维和提出质疑。一流水平的老师深谙此道，他们经常有意识地调查他们自己的意念，在一个理性和情感的过程中慢慢解释和确立他们的抱负目标。这种做法具有细心分析的全部力量，但是它也需要情感和态度的能量，归纳法和演绎法则根本无法达到。学生们能感觉到它并作出相应的回应。很多我们采访的学生谈到“她做的事”并且告诉我们他们“无法解释”，但是那种教学方式确实鼓舞他们去努力。当我们拿学生谈论的人与他们平庸的同事进行比较，我们有时发现在内容或结构上也没有什么东西能够解释这种差异。但是我们的确发现一流的老师针对学生的计划一般比别人更为周密和广泛，并且让这些渴望和态度指导他们的教学。①

2. 温情语言

像这些理念有影响力一样，才华横溢的老师在语言交流方面还有其独到之处。多年以来，我们对这些与众不同的超常品质百思不得其解，直到悉尼大学的保罗·海因里希（Paul Heinrich）向我们介绍“温情”语言与“冷淡”语言的概念，我们才茅塞顿开。当我们有时候解释什么，我们只是蜻蜓点水，而不是从头到尾把它讲清楚。我们往往浅尝辄止，几乎是害怕开始解释。“我们可以这样说明事情。”海因里希解释道，“有这样一个故事，说的是一个小姑娘与三只熊，她怎么样趁熊出去时走到它们的房子里，她尝遍了所有的东西，这时候三只熊回来发现了她。”那种语言是冷淡的。这样的叙述敷衍了事，并且主观臆断听者已经听过这个故事或者他们不屑一听。海因里希评论道：这样讲故事有点“置身事外，冷漠无情，缺乏文采”。与此相反，他继续说到，我们本可以这样来讲故事：“很久很久以前，有三只熊和

① 有时候，形成对比的意图像发炎的大拇指一样突出。譬如，一些大的讲演厅，装有无线电项圈麦克风供教授们使用，利用内嵌式声音系统放大他们的声音。我们注意到在这些房间里有些老师戴上支持麦克风设备而有些则不肯用。然而，谁肯戴与谁不肯戴的模式与任何人本身嗓音的大小关系不大。卓越的教师倾向于使用扩音设备，教学水平比较差的老师不用（有些特殊的例外）。当我们询问两种做法的人为什么他们要我行我素，答案就浮出水面了。用麦克风的人说他们要学生听见他们讲话，或者是他们担心坐在后排的学生。相反，不用麦克风的人经常说他们从来就没有想到这一点，或是说那太麻烦了。有些不用麦克风的人宣称他们的嗓音够强健的了，甚至当他们的声音不清楚，人家提出不同的建议，他们感觉似乎受到侮辱。他们对自己的看法似乎比他们的学生能否听得清楚重要得多。

一位名叫金发姑娘的小女孩。”这种语言是温馨的。它有感情的投入；讲的是整个故事，而不是轻描淡写。温情语言是“实质性地讲故事”，海因里希解释说。“你从故事的开头开始，朝结局展开故事。即使有人试图作出预测，这个结局直到最后依然是个悬念。”温情语言往往倾向于用现在时，但是“即使用过去时，其目的总是将听众慢慢拉回此时此刻，并使听众‘从内心深处’产生共鸣”。

大师级教授喜欢使用清晰、完整的温情语言，用温情语言讲故事或者作解释。他们会用富有感染力的语言来提问，把听众吸引到书面材料之中。与此相反，缺乏才气的教授经常使用冷淡语言。他们在讲话的时候往往手不离讲稿，仿佛是他们害怕讲故事；在讲解中漏掉一些重要的步骤，好像他们认为那些东西听众以前已经听过，他们不需要再讲一次。

这并不是说优秀的老师从来不使用冷淡语言。一般在温情语言已经把学生带入主题，并且学生已经将思想和情感都投入其中之后，他们使用冷淡语言。他们提醒、总结时运用冷淡语言，邀请、激励时则用温情语言。

3. 妙语诠释

虽然会话语调、良好的意愿、温情语言都是出色口才的重要因素，但是还有别的手段能够彰显卓越传达者的绝招。卓越的教师熟知如何作出完美的解释。① 不用说，他们思路清晰透彻，激发学习兴趣，但是他们怎样达到这些结果呢？为了获取他们这一部分技巧的精髓，让我们把注意力集中在对概念和信息的解释上。这种解释经常运用于讲课中，但是也可以出现在回复学生问题的答案中。总体而言，杰出的老师以一般性的简单问题开始提

① 我并不是突然争辩优秀的教学不过是靠讲授与运用正式的演讲。所有的教师向学生解释细节（从作业到观点），一般说来与其他方式相比，培养学习最有效的方式是更好地讲解。

问，然后过渡到复杂和有特性的问题。他们先使用熟悉的语言，然后再尝试介绍专业的词汇。

有人曾经为理查德·范曼拍过录像。他坐在一把大安乐椅中，讲述一个游泳的故事。想象一下，这位物理学者所讲的故事是：你坐在一个游泳池旁，有人跳水，在水中掀起波浪。他解释道："很可能，在荡漾的碧波中有一个线索，揭示出那个池中正在发生的事情。"还有可能，范曼接着说："有种昆虫……具有足够的智商，可能坐在池子的角落，受到波浪的侵扰后，依据波浪不规则和撞击的性质……计算出谁在什么地方和什么时间跳入池中，对整个游泳池发生的事情一清二楚。"事实上，他解释道："这就是我们注视什么东西的时候做的事情。我们的头上有个叫做眼睛的洞洞，叫做光线的波浪进入到洞穴之中，搅动产生波浪给我们提供信息。"

范曼几乎是以儿童般的口吻说起这个故事，可是他慢慢地添油加醋，故事就变得越来越复杂起来。光波就像水中的波浪一样，但是它是以三维而不是二维的形式出现。范曼深入地说道："不可思议的是，当我注视你的时候，站在我左边的人能够看到在我右边的人。"这是怎么回事呢？"很容易把它们想象成凌空交错飞驰的箭，但是实际上不是这么回事。因为所有这些，是有东西在振动，它叫做电场。但是我们不必为它是什么东西去伤脑筋，它就是像水中波浪起伏的高度差。所以，有一些量以非常精巧和复杂的运动结合的形式在这里振动，其最终结果是产生使得我看见你的一种作用。"范曼又慢慢把 X 射线、宇宙射线、红外线和无线电波编织在他的讲解中。①

有几个因素使上面的叙述成为我们研究的杰出教师所使用方

① 范曼录像带的内容是从 BBC 的"趣味想象"节目中转录的。复制经过卡尔·范曼（Carl Feynman）和米歇尔·范曼（Michelle Feynman）的允许。

法的经典范例。他用“池子里的昆虫”的故事来阐明问题和诱发兴趣，在每一层次上，强调概念和对基本原理的理解。在增加概念复杂性之前，有时甚至在提到概念本身之前，他先强调对基本概念的宏观理解。我们发现另外一些杰出的老师所用模式也大致相同，甚至起初会用一些非常简单的隐喻、类推或解释来帮助初学者开始理解。随后，由于解释、例子和证据不断增多，老师就会介绍更复杂的东西，也许能够挑战这些先前的隐喻、类推或解释。有一个老师告诉我们：“我经常用一个解说来开头，这样做会帮助学生开始明白一点东西，形成概念。随后，由于我们增加了更多的信息和概念，他们开始意识到我们初始的思维方法过于简单，甚至有误导作用。但是如果我一开始就采取较为复杂的方法解释那些现象，他们压根儿就弄不懂。”我们注意到她的意愿是帮助学生理解，而不是给他们留下老师知识渊博的印象。

当我采访一位列入我们研究的数学家时，他问我是否知道如何给函数下定义。我承认我的数学知识有点儿荒疏了，一时想不起我在大学里背诵过的定义，什么变量与其他变量的值相对应。“但是，你能用自己的话来解释这个基本概念吗？”他坚持道。我一时语塞，开始寻找能够立刻下台的借口。正在此时，他朝我扔过来一支笔，我本能地伸出手来去接。“你怎么抓笔的呢？”他问道。“我张开手，然后在恰当的瞬间在笔的周围合上手。”“但是，你是怎么知道什么时候张开手，什么时候合上手呢？”他敦促道。我急忙冥思苦想，在数学家又问了一些问题之后，我支支吾吾地说出我的结论：根据观察笔的飞行路线，我预测它将会出现在什么地方。“这就是函数的一种功能，”他进一步解释说，“你在这个点，这个点和这个点获得信息，然后预测笔何时能够到达你的手中。”然后他转身走向黑板写下一个公式。“我本可以这样来讲解，这就是一般人的做法，但是当我们照本宣科时，学生只不过死记公式或定义，不能真正理解概念中所包括的含义。”

我们发现历史教授、化学家、社会学家、经济学家、生物学家和其他专业的老师，凡是像数学家这样信奉这同一方法的，往往先用自己的话去刺激学生弄懂这个概念，再去教学生那些概念名称和一些定义。

通俗易懂的解释可以帮助学生获得一个透彻的理解，但解释不见得一定要用最精确和最详尽的叙事方法。解释开始的时候很简单，用大家熟悉的例子，渐渐地增加较为复杂和陌生的东西。它们可能用一个隐喻或一个概括来开始，珍妮特·诺登把她的方法戏称为“三明治教学法”。她开始的时候会拿个面包，好比对某些基本的、相当宽泛的概念进行一般性浅易的描述。随着时间的推移，她会渐渐地加一点儿蛋黄酱、肉、莴苣和番茄，直到学生形成敏锐的理解力，能够回顾他们起初的理解，并且认识到不足之处。只有认识到学习者必须形成知识结构而不是单纯吸收知识的人才能够讲出通俗易懂的解释。

4. 培养学生的口才

优秀教师熟谙讲演之术，但是他们也能促使学生侃侃而谈。此言不假，我们经常听到课堂上唧唧喳喳充满活力的谈话声，争论问题和观点的声音在教室里此起彼伏。然而，谈话可能会流于形式，变成于提高学问毫无补益的自由讨论，或成为怂恿学生“打赢嘴巴官司”的胜负之争，而不是发现真理。杰出的老师不仅要学生开口讲演，而且要学生思考和学会如何参与观点的交流。有一位老师告诉我们：“让我们想一想为什么要主持课堂讨论，毫无疑问，我们不仅要打发时间，让学生解决他们神经紧张的问题，使他们更加投入地听我们讲课。”

根据范德比尔特大学的政治教授欧文·哈格罗夫（Erwin Hargrove）的观点，课堂讨论具有更广泛的意义。几年前他提醒他的一群同事，“记住当你第一次讲课时，如果你比较具有典型性的话，那么你会告诉你自己：‘我现在学的东西比以前多得多。'我们指导课堂讨论要让学生尝试一下那种体验。我们叫学生努力开动脑筋，扎扎实实弄懂一个题目，向别人表达自己的观点，让自己的观点受到质疑。"作为我们研究对象的老师认为，一堂优质的课堂讨论能够帮助学生将注意力集中到重要问题上，刺激他们理解关键的论点，帮助他们获得精神振奋，给他们一个加深理解的机会。我们用大体相同的方式来判断讨论。我们不在乎学生说了多少话；我们希望听到他们尽力解决重要的争端，孜孜不倦地去理解消化一个关键问题，提出批判性和创造性的质疑。

产生那种交谈的契机是什么？最重要的是要有学生认为重要并要求学生解决问题的可资讨论的东西。老师提出学生已经认为是重要的问题，更好的情况是，学生提出这些质疑经常是因为老师以前说过的话题，或要求他们阅读或评论的东西。所有这些使他们感到迷惑、困扰、刺激、好奇、心烦、诧异甚至愤慨不平。很多教师利用故事来激发讨论。我们经常听到老师甚至在自然科学与数学课上寻求评价和建议。唐纳德·萨里利用他的幽默感、嗜好难题以及充分信任学生的思考能力，来发动一场如何计算弧线下区域的激烈讨论。迈克尔·桑德尔提出一个道德的两难选择，引发出一个意味深长的司法问题。珍妮特·诺登展示一张神经紊乱病症的面孔，或用她自己对"控制你是谁和你做什么"的那个器官的敬畏感来激发大家对大脑的兴趣。

卓越的教师不叫学生讨论阅读材料中的故事情节，而是激励和指导他们讨论一些文章或章节可能帮助他们接触到的观点、论点和难题。学生读到这些片段不仅仅是完成作业，而是为他们的思想斗争做准备。在讨论中，老师问学生如何看待重要的论点、难题、原因。当看法开始涌现，他们敦促学生找证据，就证据的本质向学生提问，从有用的事物中援引论据，激励和允许学生去互相质疑，指出信仰和态度中的契合与对立，提出合适的问题。

我们的研究对象经常选用移动椅子的教室。许多教授在一个大班级里设立一些长期的、男女搭配的小组，有时候叫这些小组在班上一道学习。有些老师允许小组自愿组合，而有的老师花费相当多的时间来创立小组，经常煞费苦心以确保高级学习者和初级学习者之间的平衡。许多导师鼓励学生组成三四人的小组，布置一些小组作业（例如：在你感兴趣的领域里寻找和描写这一数学原理的实际运用），然后为那些尚未来得及参加小组的学生寻找小组。另外一些老师组成五至七人的小组，在以观察的形式收集情报的基础上分配给学生任务，慎重地尽力保持每个小组的一种混合能力和背景。

俄克拉荷马大学一位组织心理学家拉里·米切尔森（Larry Michelsen），经常玩一种游戏，旨在产生男女搭配的团体。譬如，如果他要创立围绕在某一指定领域工作时间长短数字的男女混合小组，他会叫在该领域经历最长的学生站在教室的某个地方，工作经历第二长的学生站在旁边，第三长的排名第三，依此类推围着教室站成一队。那么好比说，如果他要创设六个小组，他给站在一排中的每个人分配从一到六的数字，在队列中依照顺序往下走。然后，他把所有报“一”的人集合在一起，报“二”的在一起，以此类推。通过这种方法，每一组按照经验的顺序把六个经验不同的人组织在一起。

小组工作达到最佳状态似乎包括多种因素：当学生们把小组活动看成是一次解决真实问题的机会，而不是把一次课堂作业作为任务去完成的时候；当这种经历使人感觉是一种荣耀，而不是暗示补习时，学生反应最好。与此相反，有的老师搞分组活动遭到失败。究其原因，一是叫学生无所事事，要做的事充其量不过是瞥一眼“正确”答案；二是即使事实上一个人或两个人工作效率更高，他们仍迫使好几个学生一道工作。最好的小组工作引导学生尽力解决重要的问题，大家一道通过复杂、有趣和有意义的难题来进行推理，群策群力讨论解决令人迷惑的问题。大多数老师发现“男女搭配，干活不累”，异性组合比同性组合更令人满意。利用需要的材料和推理技巧，围绕解决问题的经验和熟练程度创造出多样性。有些老师让学生自己组合成小组，因为它让学生控制他们自己的教育。“我提出复杂的问题，然后给学生资料来帮助他们与这些问题较劲，”一位社会科学的教授告诉我们，“我鼓励学生去分割这些资料。他们相互分配阅读任务。”我们发现老师不鼓励团体报告，但是好几位导师告诉我们他们要求（或鼓励）学生为各自的科研项目集体联手钻研资料和观点。

在一次大力运用团队工作的活动中，教授给学生四份其他学生写的论文的导言，并且告诉他们其中两篇论文最后获了奖，而另外两篇得到 B 或更低的分数。他要学生各自阅读导言，然后与小组成员一道决定每一篇的成绩，并且说出他们评分的理由：“请说明你给材料排出优劣顺序的评分标准。”

15 至 20 分钟之后，他把各小组召集在一起，报告他们的结论和理由，并且写在黑板上。然后，他亮出他打的分数，最重要的是，公布他的评分标准，将其与学生做出的标准和结论进行比较。当学生试图加强了解他们想要参加的学术团体的宗旨时，他们开始相互之间的交流，然后和老师一道讨论他们的理解。

为了使讨论能够进行，卓越的教师通常提出一个问题并且叫学生花几分钟时间在纸上写下他们的思想或者在发言之前独立解决问题。他们接下来叫学生与邻座（“动脑筋然后结成对”）交流他们的思想（或者结论）。学生们一下子就讨论起来。几分钟之后，他们可以与其他的组再结成对子（“思考/结对/求同”）。最后，他们把全班组织起来进行充分讨论，以小范围内已经讨论过的观点开始，号召一两个小组报告和辩护他们的结论（“思考/结对/求同/交流”）。我们看到在小至 20 人，大到 200 人的班级里这一方法屡试不爽。印第安纳大学的化学教授马西 · 汤斯

（Marcy Towns）运用这一技巧面对大班的学生，讲解刺激人们思考重要概念的难题。苏黑尔 · 汉纳运用此法辅导学生学习写作。保罗 · 特拉维斯采用大同小异的做法，提出关于历史证据和解读的问题。

有些老师在优等生身上运用这个方法进行讨论。另外的老师在讲课当中用它来激发互动。[①] 在大班中，他们可能运用这种“思考/结对/求同/交流”的技巧去创建横跨一个大型讲演厅的若干小组，先发动许多小规模的讨论，再组织大型规模讨论。

假如优质讨论的第一规则是在向全班讲话之前给学生一个机会收集想法（或许靠写字）和与同桌交谈；第二条规则是使每个人早早参与其中。威斯康星大学教环境法的阿瑟 · 麦克沃伊（Arthur McEvoy）老师已经运用他戏称为“麦克沃伊——1 分钟一回”的方法，在小型的班级讨论中，他叫每个人坐在圆圈里，然后让每个学生准备 1 分钟针对讨论开始他（她）的发言。

一位教授告诉我们：“学生坐在那里沉默的时间越长，带他们进入讨论的难度就越大。”萨里一开始他的数学课就向那些表情显露“胆大冒失和准备跳出来吵架”的学生提问。萨里说他根据他们的坐相和面相来进行判断。我们问他：“你是如何做到这一点的呢？”他以罗丹（法国雕塑家）著名作品《思想者》的姿势，用一只手托住下巴，进一步说：“摆出这种姿势我可以传达出一个无声的信息：我将等待他们回答。”最初几天过去之后，他在 200 人的班里注意到羞怯的学生，这些躲避他凝视的人，眼睛看着地板和课本，注视他们自己的身体。“我将逐渐尽力帮助

---

① 埃里克 · 梅热（Eric Mazur）对于这个技巧做了著名的变化，在作物理讲演时他通过布置小概念难题来穿插一下，学生不用计算就可完成。他首先叫学生独立思考，从一览表（多项选择）中挑选正确答案。他也要学生评估他们对答案的信心。几分钟后，他要学生去找同桌比较讨论答案，可能改变他们的答案，重新评估他们的信心。他发现正确答案的数目和信心评估在完成这个练习之后都有提升。参见 Eric Mazur，*Peer Instruction*：*A User's Manual*（N. J.：Prentice-Hall，1997）。

这些学生，使其感到比较轻松自在，”他解释说，“我可以在课前随意地与他们交谈，在我提问之前加深对他们的了解。”

像萨里一样，最精明能干的老师主动要求学生回答问题，而不是消极地等学生来参加讨论。但他们还是得掌握分寸。其特点诚如苏珊·威尔特希尔所描绘的那样，他们是以围在餐桌旁闲谈的方式来要求学生回答问题，而不是用那种在法庭上交互讯问或挑战决斗一样的方式。萨里轻松和幽默的风格——他脸上永恒的微笑，眼睛里闪耀着愉快的光芒——都有助于减轻焦虑感。他“思想者”的姿势，敢为天下先的意识，笑对人生的幽默感，不愿评价的态度，所有这些创造了“非判断解决问题”的心境。学生通常不害怕出错，因为当他们集体奋斗去理解事物时，每个人在某一点上都难免出错，因为他们知道与得出正确答案相比，萨里更强调理解。“我告诉学生，这主要是一个由学科的力量支撑的常识问题，”他解释说，“这种东西鼓励他们去思考，拼命想出各种可以解决难题的方法。”

与此形成对照的是，很多平庸的老师玩一种可以冠名为“猜猜我心里想什么”的游戏。在那个游戏中，只有一个正确答案。有些学生玩得开心，而有的学生则畏葸不前，担心自己会出错，故而经常拒绝参与。

从根本上来说，讨论效果良好，一是因为学生相互之间和学生与导师之间相处时感觉心情舒畅；二是因为对话是努力尝试创造我前面称之为自然的批判性的学习环境的一个因素。我已经注意到优质课程的提纲包含学习环境的所有五个要素。不足为奇的是优质讨论的结构大部分仿效这一相同的轮廓。举例来说，让我们看看出现在个案研究或基于问题学习的课堂中的这类问题。

在最好的个案中，老师是以这样的问题开始的：我们在这里面临的关键问题是什么？我们要努力去解决什么问题？（也许运用“先写后讲，先在小组交谈后再大组谈论”的方法）他们继续交谈，问：此案中应该用来解决问题的关键证据是什么？我们需要知道却又不知道的是什么？关键的定义和概念是什么？他们可以先问一个学生，等待他的解释，然后再让另一个学生去总结第一个人说的话。

在运用这些探索性问题去面对有（理解、运用、分析或综合的）普通问题的学生和帮助他们懂得其重要意义之后，卓越的教师开始激发想象力。有没有任何完善的解决方法？另外的可能性是什么？到了这个层次，导师可能听到五花八门相互冲突的方法，甚至有公然反对本学科最好的科学和学术性观点的言论（换言之，学生可能大错特错!），但是他们也听到学生们在想什么。或许最重要的是，他们使学生把思想摊开在桌面上，这样他们能够更仔细地全盘检查。

其次，他们激发了对这种观点的评价。什么是我们考虑的解决方法（观点）？我们怎样比较解决方法？接受这个解读、解答或方法的影响是什么？这样做的结局是什么？你能尝试得出一个结论吗？哪一个是最好的解决方法（观点）？为什么？你反对什么？原因何在？

最后，卓越的教师问些总结性的问题：我们在这里学到了什么？我们还需要知道什么别的东西来证实或反对我们的假设？我们结论的推论是什么？还有什么问题没有解答？我们怎样回答这些问题？

我们看到在各个学科和不同环境中的教授运用这个模式或它的变体。有时候对话以个案研究为中心；还有的时候，谈话的中心是一个问题、提出有意义论点的一套阅读材料、一次讲演，甚至一个实验或者是全体学生都碰到过的经历。在某些领域，这些论点经常是概念性的（如何最好地理解这种发展）或者是解读性的问题（这篇课文是什么意思，对于手边这个比较大的问题，课文有什么言外之意？）。在有些领域，问题可能有关于原因和结果

(譬如在历史学科中)，然而，在其他学科（举例来说，在医学和工程领域）问题可能更加临床化和实用化。

我们有些研究对象在发动讨论时非常正式地运用这个模式，然而，另外一些老师显得更加随意。举个例子来说，塞缪尔·勒巴伦（Samuel LeBaron）——一位在斯坦福医学院教书的医生——认为当他们与学生玩耍的时候，在非正式的场合中，学生经常能学会比他们平常更为清晰的思维。他已经找到了一句口头禅“在我们开始之前”，来开始创造一个和校外一样轻松的环境，在这个氛围当中他可以提出很多上面讨论过的问题。譬如，在一堂讲解背痛的课上，他走进教室并告诉学生：“在我们开始讲课之前，我想说我一直患有背痛，到现在我还没有治好。”听到他喋喋不休地抱怨，学生们开始向他提供各种建议，这个时候他无声无息地促使他们去解释，去推理，去思考，有时候用一个貌似随意的话题非常微妙地质疑一种思路。然而就是在那种非常轻松的气氛中，通过对证据的调查，他把学生从探索性的问题带到诊断以及它们之间的因果关系上来。

当然，仅仅凭借优雅的仪表、良好的愿望、悦耳洪亮的嗓音、一只大功率的麦克风、热情的目光交流——无论它们多么有用，还没有谁能达到教学的顶峰。有位老师鼓励我们去思索“一座建造精美的房子和一份技艺精湛的油漆工作之间的关系”。那个结构的基础、它的基本设计、整个建筑方法决定了家庭住宅的质量。大师级的老师不单单是优秀的讲演家或讨论的领导者；从根本上来讲，他们更应该是特殊类型的学者和思想家，引领自己和学生钻研学问，享受智慧人生。对学生的关爱使他们注意表演的细节，他们的焦点定位在学习的本质和过程，而不是教师的表演。

六　卓越的教师如何对待学生？

在我们的研究对象中有位教授，他的一个学生学习微积分时有困难——或者说从表象上看如此。实际上，这个学生在小测验中成绩相当不错，但是每次大考都惨遭失败。尽管如此，他没有放弃。相反，他和小组的同学一起解题，去上补习班，种种迹象表明他要学习。然而，好像一切努力都收效甚微。他所有的大考都不及格。在课程结束时，情况越来越明显，他饱受考试焦虑症的煎熬，苦不堪言。

期末的时候，学生面临系里的综合考试，而且教授无权插手准备这一考试。期末考试的前一天，这位年轻人顺便拜访了教授，教授开始给他讲解微积分。起初气氛轻松随意，后来教授就变得越来越严厉起来。“这个你懂不懂?”他开始问，该学生要是懂得就会回答。然后教授要他解释其中的道理。过了一会儿，他让学生站在办公室的黑板前解说概念和演算一些相当棘手的难题。这位教授总共花了两个小时与年轻人一起复习微积分，向他提问，大部分时间让他思考和谈论。很明显，该生对微积分的理解水平远远超过他历次大考中的卷面成绩。

两小时的问答后，教授看着他说道：“刚才进行了一场微积分口试，可惜不能告诉你得了多少分。我还得考虑考虑，但是至少你已经通过了这门课程。”该生问他第二天系里的综合考试他怎么办。“喔，我不知道啊。你为什么不以轻松的心态来笑迎考试呢?”老师信口答道。该生心领神会，结果非但通过了考试，而且得了 B+。

还是这位教授，把一位年轻女孩叫到他办公室，这位女孩在开学之初曾请求他在一份辍学申请上签字。“哎呀，你不能放弃，”他面带调侃的笑容告诉她，“因为我们是不允许好学生从班上跑掉的。”当她一再坚持她并非一个好学生时，教授开始问她微积分什么地方难学，接下来针对她的困难他们谈了一个小时。他扮演了苏格拉底的角色，在这一过程中，他不厌其烦地小心翼翼地问她问题，帮助她对关键概念形成自己的理解，并克服追求知识之旅中的困难。听他讲完这番话，虽然她还有一点点不安，但她还是同意留在班上。然而，在随后的好几节课里，教授继续培养她的自信心。她在以后的测验和考试中成绩颇有起色。当她参加系里的期末考试时，她得了很好的成绩，并且这一科的成绩为 A。

我们从著名教授的学生那里听到许多这样诲人不倦的故事，还有那些勤恳敬业的教育家使顽石点头、春风化雨的美谈。我们可以很容易把这些行为描绘成纯洁的仁爱之心，我们认为特别优秀的老师就是那些真正关心学生和极富同情心的人，但是这不足以说明全部。此外，这甚至可能会引起误导，使我们误解其他的教师不关心学生。诚然，我们发现有些教授对听课人的福祉和教育不甚关心；但是许多平庸的教师确实关心学生，然而他们对待学生还是不同的——并且效率不高。在一流教授看待和对待学生的方法中有什么东西能帮助解释他们的成功呢?

在回答这个问题之前，就我们尚未发现的现象说一句话。撇开与此相反的一些普遍看法，个性在成功的教学中起的作用微乎其微或者完全不起作用。我们碰见的老师中既有腼腆和泼辣的，也有含蓄拘谨和表情丰富的。少数研究对象会扮演故意唱反调的角色。他们会避免敌意和武断，但也表现得十分自信；然而，大部分老师扮演比较克制与温和的角色。有些老师对待学生非常刻板，而有些老师实际上则冲破了所有的传统社会师生之间的障碍。我们没有发现教师的着装习惯，或者教授与学生相互之间称呼的固定模式。在有些课堂里直呼其名很普遍，在其他的课堂里只流行称呼头衔和姓氏。

然而我们的确发现在这些杰出教师对待学生的方法背后有一个精心打造的信仰、态度、概念和感知的模式。单独依靠这些模式未必能够改进其他效果不佳的教学，但是这些最好的教师作为一个群体总是比那些略逊一筹的同事们要更加懂得去实践这些模式。

或许介绍这些模式的最好方法，就是将它们与我们最终未纳入研究的某些教授的态度和行为作一个对比，因为在他们所教的班级学习效果不是特别显著。譬如，让我们试想一下，融合那些未纳入研究的教授的特点，把这些人合成一张照片，姑且称之为沃尔夫博士（Dr. Wolf）。有些老师是男的，有的老师是女的。为了强调没有哪一种性别垄断这些行为、态度和概念，我在下面的讲述中轮流使用性别代词。

在每个案例中，我们已经听到一些关于沃尔夫教授的优秀事迹，并且开始收集他（她）教学活动的信息资料。一些学生称他的课“非常棒”，并且说他的课已经改变他们对这门课的思维方式，激发了他们智慧的潜能，这种潜能他们以前自己都未觉察。然而当我们细心观看沃尔夫教授班上学生的评估时，我们发现一个令人不安的模式。几乎所有的班级中，有20%至50%的学生可能给他最低的评语。这一结果本身并不一定使人大惊小怪，但是当我们开始听到来自对他评价甚低的学生的反映时，学生的愤怒和受挫感是不言而喻的，这足以引起我们的重视。

有些吹毛求疵的学生学习吊儿郎当，还有的学生因为沃尔夫博士不送给他们及格，就火冒三丈，对于这种抱怨是很容易驳回的。但是事实好像并不是那样，许多她的诋毁者成绩优异，享有勤奋好学的声誉。随着我们继续不断地调查我们开始发现更令人忧虑的事情。不止一个人说她骄傲自大，不关心学生，在班上奚落人，经常吹她的课程不及格的人非常多，对学生提出苛刻武断的要求。甚至一些对她的工作持表扬态度的人，也告诉我们她虐待过班上的其他学生。

在一个又一个的讲述中，一个主旋律开始连贯地出现。诚如某人所言，沃尔夫博士是“一个统治怪物”，要让学生知道他的学识多么渊博，他们是多么愚昧无知，他对他们一生的影响有多么大。“他要控制所有的一切”，有人告诉我们，他“将镇压他视为威胁的人”。

讲课的时候，沃尔夫教授不愿意回答问题。她与学生最为互动的时刻也总是咄咄逼人；她会拿一个问题当做一个与人进行智力决斗的机会，直到她赢得这场战斗。她特别喜欢把学生的思路拉往某一个方向，再把他们晾在一边，然后反其道而行之，用一些精心准备、貌似绝对正确的话来训人。什么事情都围绕她的需要来旋转，正像一位学生说的那样，她有着成为舞台上明星的欲望。

针对沃尔夫博士给学生所作的努力提供的批评与反馈之方式，学生们有一致的看法。“我感觉好像先受审判，然后把我投进监狱。”一个学生报告说，“他想方设法把学生搞得莫名其妙，一愣一愣的，好像能从中得到快感。”学生们报告说他总是愿意在办公时间见学生，但是当他们到办公室的时候，他经常站在门口跟他们讲话，仿佛是说：“还不错吧，就这样待着，然后滚蛋。”或者是他戴一副墨镜，两只胳膊交叉抱在胸前坐着，或者是在学生提问时手指头在桌面上轻轻叩打，然后他用短句回答问题。

这是个别极端的例子吗？也许是的。但是讲述中的每一种描写脱胎于一位真实的沃尔夫教授。因为这些人中的每一个人，教授和学生之间的关系是屈从的关系。老师的指示学生必须照办，教授在教室里挥舞着成绩和学分的这根大棒，讲课成为行使这个权力或炫耀学问的机会。其最终结果不外乎以牺牲学生为代价，有时候则两败俱伤。

与此形成鲜明的对比，我们研究的卓越教师不是炫耀权力，而是在学生身上倾注心血。他们的做法源于对学生的关心，这种东西有很强的感染力和深入人心的亲和力。珍妮特·诺登争论道："最重要是，我们的教学必须传达出一个宗旨，我们把时间、精力、心血花费在学生身上，因为我们关心我们的学生，我们所做的一切是把他们作为人和学习者。"是的，有规则，有时候是纪律严明的规则（举例来说，诺登坚持如果学生选她的课，他们得同意来上课，个人休假日也不例外），但是抽出这些要求的精髓，其实源于一份契约——不，一种师生之间牢不可破的信任关系。在那种关系里，这位老师说话掷地有声，诚如一位研究对象所言："我竭尽所能帮助你们学习，培养你们的能力，但是你必须决定你是否愿意经历这种体验。如果你决定投身于这个事业，有些事情你必须下决心去做，使你和小组内其他人感觉到这些事情值得一干，没有虚度光阴。"

杰出老师意识到这些规则并不构成智慧或艺术的标准，这样可以改变规则以适应个人的需求，但是成绩的标准是不能改变的。譬如，想想本章开头的故事。对于数学教授而言，在应对所有学生（包括那个患有考试焦虑综合征的年轻人）时有两种基本考虑。他要帮助他们学习微积分，他要知道他们是否在学微积分。这听起来像一套合理和正常的应该关心的事物，但是这并不是很多其他教授认为最重要的。当我们把这个故事和其他类似的故事介绍给不在我们研究之列的各个专业不同的教授时，事情变得很清楚了，他们很多人要学生在微积分考试时成绩出色，这与学微积分并不见得是一回事。但是，因为考试的成绩成为教育的目的，而不是学习微积分，他们坚持每个学生准确无误地跳起来穿过铁环。根据他们的观点，公正原则不必考虑每个学生的个人需求。因此，学习过程变成带有加分规则的游戏，旨在制造赢家和输家，而不是设法帮助每个学生达到最佳状态，精确地评估学习结果。

摈弃绝对权威之后，取而代之的是同等重要和颇有效力的信任感。一位教师针对老生常谈的话题告诉我们："我教书最重要的方面就是我和学生之间发展成熟的信任关系。"这种信任意味着老师相信学生想要学习，并假设他们能够学习，除非有证据证明他们不能学习。这种态度在大小考试的分数中得到了反映。这种信任感导致很高的期望值，导致养成一种看透问题本质的习惯，而不是责备学生所谓的缺点。一位管理学院的教授告诉我们："我要把听我讲课的学生变得亲切友善，因为我对听讲人在学习中有所收获感兴趣。如果他们不学，那么这将是我作为教授的失败。"

如果老师担心学生会设法欺骗他们，那么信任感也就无法奏效。有些教授因为学生可能会欺骗这个制度，便疑虑重重，故而在教学模式的选择方面会显得缩手缩脚；而那些不怕风险、敢作敢为的杰出老师则让学生从中受益。譬如，他们可以运用回家开卷考试的形式，而他们许多同事不愿这样做。这些同事的思想僵化保守，认为某些人会弄虚作假。最重要的是，我们研究的那些成功老师表现出信任感，因为信任是他们态度和观念的一个不可或缺的部分，他们通过每次与学生的见面，用自己对学生的看法来影响学生。且不管学生与制度的本质如何，这样的信任是很明显的。在开放录取制大学和严格选拔入学的地方，我们在杰出的老师身上看到了这种信任。与之相反，不论我们在什么地方碰到那些平庸的老师，他们总是认为学术之神没有给他们的班级带来一丝灵气，却塞满了敌视知识分子的懒鬼。

跟学生建立了特殊信任的教授经常展现一种海纳百川的气度，有了这种胸怀，他们时时谈论他们的求学经历、人生抱负、胜利、挫折以及失败，并且鼓励学生同样要反省和坦率。很多我们的研究对象偶尔讲些故事，说到什么东西吸引他们进入研究的领域，什么问题在他们的头脑中越积越多，这些探索导致了其他的兴趣，最后激励了他们的智慧人生。他们与学生分享治学的秘诀，他们如何记忆东西，当他们形成自己的理解时如何在头脑中进行类比。这样的当众剖白决不会像讲一系列古老战争的故事，那可能十分沉闷乏味，而这些老师的内心剖白谨慎而又明智，为在学生当中讨论同样的话题定下了一个基调。一位来自宾夕法尼亚的年轻女孩告诉我们："教我的教授曾告诉我她初次接触化学时困难重重，那一番话给了我学好化学所需要的信心。我过去一直认为这些人所有的化学知识都是与生俱来的，老师中很多人表现出来就是这样。"

克雷格·纳尔逊总喜欢说："我们大多数人的麻烦是我们教起书来就像我们是神一样。完全没有我们的知识偶尔也会出差错的感觉。"

信任和坦率产生了一种互动的氛围，学生可以任意提问，毫无责难和受窘之虞，可以自由讨论各种观点和理解方法。"在我的班上根本就没有什么愚蠢的问题这等事情。"一位社会学家告诉我们。在上课的第一天，他提醒学生其他的人会很欣赏他们问的问题。"我尽量使学生们感觉放松和有挑战感，并且在向我和其他人提出质疑时总是感觉很自然。"一位老师强调说。"我的学生互相学习，"另外一位老师特别提到，"没有谁是万能的专家，所以说教学相长，老师在教室里也可以从学生的见识中学到东西。"

“每个人都可以发表意见，并且每一个见解都有独到之处。”保罗·贝克强调说，“我要每一个学生都明白，世界上没有其他人会把他（她）自己的一系列特殊经历和个人气质带到这个教室里来。每个人都能提供特殊的东西，新颖独创的观点。”①

有了信任和坦率，随之而来的是一种泰然自若和经常表达的对生命的敬畏和好奇感，它也会影响业已存在的关系。在对自身和自己学识有谦虚感的人身上这种东西的显露是最常见和最明显的。他们可能意识到他们所知道的一切，甚至他们自己的知识含量远远超过他们的学生，但是他们也明白有多少东西他们还不懂。若把他们自己的成就放在巨大的学问体系中，其成就水平相对接近学生的成就水平。在西北大学凯洛格管理学院教书的大卫·贝桑科（David Besanko），经常把他当老师的成就归功于“我多么愚钝”，他也是这样告诉学生和同事。他经常苦苦思索去理解许多他在学科里运用的重要概念，正是这种努力让他更透彻地理解其他人理解这些概念的难度。

在调查中其他的人也具有谦恭的特点。他们把自己看成是人生路上的学子，追寻对“真理”惊鸿一瞥之旅途中的同伴。他们经常谈到带领学生踏上寻求更深理解的精神之旅，还告诉我们学生形成的洞察力怎样影响他们自己理解的故事。然而，很多同事会看不起学生的努力（“我对傻瓜一点儿耐心也没有。”一位前系主任和大学校长喜欢这样说），卓越的教师一般都感觉到在人类探索世界的斗争中他们与学生之间有一种情感联系。他们甚至发现自己无知的力量。诺贝尔化学奖得主哈佛大学的达德利·赫希巴赫承认：“在你能够达到了解事物的新水平之前，你一定是迷惑不解的。”

① 参看 Paul Baker, *Integration of Abilities: Exercises for Creative Growth*（New Orleans: Anchorage Press, 1977）。

在很多学科里，特别是在理科，就像杰里·法伯（Jerry Farber）很久以前所说的那样，有些执掌教鞭的人说起话来仿佛他们是“神秘宗教仪式上的主教”在演出一幕独角戏，他们装出具有不同寻常魔力的样子，大部分的学生只有羡慕的份儿。他们似乎让学生有一种我们的研究对象称为‘使学生迷惑不解并受到屈辱’的感觉，这种感觉就是只有“聪明人可能懂得这些材料，那么，如果你不懂我说的话，那必定意味着我比你们聪明太多了”。这种态度很可能就会导致很多我们采访的学生所描述的那样：他们“最坏”的老师在学生面前不可一世，但是讲起课来不知所云。正如某人所言：“她在我面前高不可攀，学富五车，但是她不能把知识降低到我们的认知水平上来讲课。”诚如法伯所言，对这些教授而言，他们的学科是“炫耀专门知识的竞技场，标榜自我的分类账”。[①]

这种态度和行为与赫希巴赫谈论专业的方式（赫希巴赫的方式是研究对象中比较典型的一种方式）形成了很好的对照。在很多理科课程的入门课中，这位化学家观察到，学生会遇到他们认为是必须记忆和反刍的“一大堆僵化的教条”。然而在真正的科学里，你不必为正确答案担心。追求真正的科学时你会认识到，实际上你比从事其他人类事业的人更有优势，因为你所追求的东西——叫做真理或领悟，当你犯了错误时，它仍会耐心地等着你。他说到站在自然面前的谦恭地体验和一次又一次尝试破解自然之谜的经过。他说：“自然操多种语言，并且所有语言都是陌生的。科学家竭尽全力去做的事情就是破译其中一种方言。”他总结说，如果科学家取得了进步，他们这样做“因为自然并没有改变，只是我们不断地尝试。不是因为我们特别聪明，而是因为

① Jerry Farber, *The Student as Nigger*: *Essays and Stories* (New York: Pocket Books, 1972).

我们锲而不舍”。

赫希巴赫的方法清晰地勾画出这样一个交叉点，即最好的教授对自身及其专业的理解方式与对待学生的方式之间的交叉点。他们不是那些一毛不拔的主教，把持在通往知识王国的各个门口，使他们看起来更加显赫尊贵。他们是同窗共读的同学——不，是志趣相投的同胞——竭尽全力去探索宇宙奥秘、人类社会、历史发展和其他万事万物。在自己的无知和好奇中，在他们对生命和美的热爱之中，在他们敬畏参半的情感中，他们发现了自己与学生之间的相似性；在这种混合的情感中，他们发现师生之间同多异少。在他们与学生关系的中心矗立着对天地和人类地位的敬畏感。

最重要的是，怀着对未知世界的谦卑、畏惧和崇拜，优秀教师的内心产生了一种的坚定信念：他们和他们的学生一定能够干出一番伟大的事业。他们不敢轻视他们自己有限的成就，并且极其尊重前人积累学问为生命导航的巨大功绩。他们相信他们自己的学术成就主要源自持之以恒的毅力，而不是什么天赋过人，但是他们对所有人类的成就也感到惊喜——包括他们学生的成就。谦卑伴随着自豪，畏惧混杂着坚毅；在他们探讨自己教书失败的时候，这种感觉最为明显。

范德比尔特大学的哲学教授约翰·拉克斯（John Lachs）告诉我们：“当我的教学失败时，是因为有些事情我没有做到位。”对拉克斯和其他人来说，认识和界定缺点就足以显示他们的思维与众不同。很多教授从来就看不到自己教学中的问题，要不然就认为他们无法改正缺陷，因为他们认为“大师是天生的，不是后天造成的”。恰恰相反，最卓越的教师如果没有把学生教好，他们确实能看到问题的所在，但是他们尽力避免让失败影响自己的自信心，并相信加倍努力可以将问题解决。

当然，他们有时候被学生搞得心灰意冷，偶尔也流露出不耐烦的情绪，但是因为他们愿意面对教学的失败，并且相信自己有能力解决问题，他们尽量避免对学生产生防范心理，围绕自己筑一道围墙。相反，他们怀有公平、同情和关爱之心，尽量把学生当做平等的人来认真对待，用他们对待同事的方式来对待学生。这种为师之道在他们讲课的内容、讲课的方法和评估学生的措施中都能得到反映，而且也出现在了解学生的生活、文化背景和个人志向的尝试之中。他们愿意在课外与学生交往也反映了这种为师之道。

德里克·贝尔（Derrick Bell）20世纪60年代在哈佛大学开始教法律。在70年代早期，他已经成为该校第一位在法学院赢得教师席位的美国黑人。1980年，他离开哈佛到俄勒冈大学任院长，但是五年后返回麻省，因为他觉得他西海岸的同事未能合理考虑给一位亚洲裔美国妇女一个教职。1992年，他离开享有终身职位的哈佛大学，这一次是抗议学校在引进有色妇女的工作方面没有足够的进步。同年进入纽约大学担任客座教授，接受一年一聘并留了下来。

多年来，贝尔以自己独特的方式“戏说”宪法课程。围绕一系列会引起重要宪法争端的假设案件，带你进行学习体验。他把每个案件写成短小精悍但耐人寻味的故事，其中充满了各色人物，他们的生活与我们理解宪法的方式发生了冲突。贝尔在20世纪八九十年代发表了一系列讽喻故事，其中之一在1994年被改编成HBO① 电影，所以他熟练掌握了如何用词汇去画一幅画，提出一个论点的技巧。他虚构的女英雄，日内瓦·格伦莎（Geneva Crenshaw）是讽喻故事的主角，但是在宪法的假设案件中，他写的是平民百姓，他们被卷入平等权利保护和家庭权益的争端之中。在恰当的时候，他邀请他的学生写类似的故事，他们的写

① 美国一家无广告插播收费电视台。

作成为他课程中运用的越来越多的假设案件的一部分。他们将重要的宪法问题融入每个人的生活。

听课的学生要读大量的材料，但是，“假设案件”才是构成学习环境的主要部分，并引导学生去认真考虑自由、司法、同情、公正和法律的正当程序。这些故事以迷人的方式提出争端，在智力和情感两方面吸引学生。学生通过实践、参加司法审议、写作、交换意见、辩论案子、做决定、获取别人对自己努力工作的反馈意见进行学习。贝尔在学生所读教程的第一句话中写道：“这个提供参与机会的学习课程之结构和期望实质上与常规完全不同。”每个人要读所有细节，但是每个学生要在全班辩论时与两三个同学一起为一个具体案例辩护，教室俨然像个大法庭，提问，辩论，最后就假设的结局投票表决。贝尔要学生动脑筋去学会做每一件他穿插在过程中的事，并且这些事都与学习有关。

在贝尔的语言选择中，他给学生很强的控制意识。他要求学生做的每件事都有其正当的理由和解释，都与学习有关。当他要求学生在开学的时候挑选一个假设的案子，他提醒他们这样一个诉讼会鼓励他们回顾他们入学以来的整个课程。当他谈到他们将要写的反映个人观点的署名文章时，他说“学生将有机会（强调语气）”粘贴到网页上八至十篇这样的文章，“除非他们有强烈的动机”要多贴。说完最低要求，他强调他们应该贴“不超过”十二篇，但是他们可以把多写的评论贴到网页上的其他栏目。

他邀请学生加入一个学习者社团，为思想交流和相互之间的教育出谋划策，有时候提醒他们作为该团体的一员应负的责任。他谈及署名文章时说：“这些见解在学习诉讼的课程中是一个重要部分，它们应该及时寄出去供下一节课讨论。”他强调说：“迟交的论文会害了其他的学生。”他提醒学生们，“在网上投稿，使你的观点人人都知道。”至于文章的质量，学生应该扪心自问：“这是一篇我敢拿出去发表在报上的文章吗？”

在教这门课的早几年，他要学生交他们个人见解的打印件，但是因特网的出现允许他和学生之间创造新的交流形式。他们现在上网提交作业，然后相互回应。“这里真正成为班级的心脏，这并不是夸张，学生们相互说话，有问有答，”贝尔笑着说，“我都被边缘化了。”在班上，学生们要讨论一个小时网上贴的文章，这时候贝尔则在一旁洗耳恭听，偶尔加以评论或提些问题。他说网络空间和班上的交流提高了“理解水平”。

贝尔对人生、事业和学生的发展投入了大量的心血。这种奉献精神表现在他为学生做的每件事之中。当他为学生调集大量的网络资源、提供讲课笔记、精心构思假设案件时，当他给学生相互支持作出安排、作出反馈、创造环境时，这种精神无不闪闪发光。他安排一小部分拔尖的高年级学生帮助新生写摘要和法庭备忘录。他给学生努力的成果提供反馈，并且安排高年级学生同样提供反馈。期末成绩包括有关他们工作的书面备忘录。他告诉我们：“学生真是非常出色，我的挑战在于构思给予学生互教互学的机会的课程，不但只是课程材料还有他们的人生前景。”

贝尔对学生的情感投入也非常明显，他一直关注课程的改进并乐此不疲。甚至在执教 40 年之后，他仍然定期给教学中心打电话，征求对他工作的建议和评论。布鲁克林道奇队的总教练执教 20 年，20 年来一直是一年一聘。贝尔在给他的自荐信中开玩笑：“我是法律教授中的老牌棒球教练沃尔特·奥尔斯特（Walter Alston），但是我决心平奥尔斯特的记录。我的年龄届时将八十有一，但是如果我的身子骨还硬朗，我希望我能如愿以偿……他们不赶我走，我决不放弃这份工作。”

最后，从他对学生礼遇有加的方式上很容易看出他倾注的心血。大部分课堂时间是属于学生的，但每次开始讲课时他都抽几分钟时间与学生谈谈他们的生活，并且与他们分享自己的人生经历。有时候他简单谈谈他的家庭，在这些涉及自身的闲谈中，他模糊了隐私与职业生涯的区别。他倾听学生讲话，甚至当他们强烈反对他的观点的时候，很可能他只是问几个问题，而不是说他们错了。

在课程结束的时候，贝尔召集负责重大案子的小队并且拍集体合照，让学生摆出这种或那种姿势，倾注了在毕业典礼上一个父母表现出来的所有的关注、爱心和自豪。拍照之后，他把小队成员带到格林尼治村的一家意大利小餐馆。席间，他与每位学生天南地北地交谈，探讨他们的人生与志向，对他们的成就感到惊喜，对他们关心的事情交流看法，参与一场正在进行的、激励全班的有关重要议题的饭桌谈话。

一位学生在一次这类餐馆聚会中告诉我们："一个星期日的早晨，我带着妻子在格林尼治村散步，我们经过纽约大学法学院。我对妻子说道：'德里克·贝尔在这里教书。我要是能听他讲课就好啦。''你为什么不申请呢？'她催促我。所以我就申请了，现在我就成了这里的学生，真的是好梦成真。他思维敏捷，但是他对学生很有分寸。他对他们既尊重又关心。"

七　卓越的教师如何评估学生和自己？

30 多年以前，当我第一个学期的教学即将结束的时候，我开始准备期终考试。在考试的前几天，我与几位同事谈到我可能要问的各种问题。我们在吃午饭或喝咖啡的时候碰头，反复玩味这个或那个考试题目，构思巧妙的小智力游戏，一来我们觉得有意思，二来保证能难倒学生。我们的努力得到了“丰厚”的回报，绝大多数应试者都栽了跟头。我定了很高的标准来考查学生，或者至少当时我是这样想的。

然而，那种考试就像从此以后我所遇见的许多其他考试一样，根本不能说明学生的智力水平和个人成就。如果有什么作用的话，它甚至没有反映出我的教学质量。最令人遗憾的是，考试鼓励了讲策略地学习，而不是深刻的思考。它强调复制我讲课的内容，而不是强调运用概念和信息进行推理的能力，并且鼓励学生猜题押题，一门心思关注我可能问的那些问题。

就像许多老师一样，我不懂测试与评估并不是教学快结束时才采取的措施，而是教育的重要方面，对帮助和鼓励学生学习的整个过程都有很大的影响。没有足够的评估，师生双方都不能了解学习者取得的进步，教师对他们的努力成果是否最适合他们的学生和教学目标也不能充分了解。一个老师甚至在不经意间逐渐削弱所有一切可能创造最佳学习环境的努力，并且常常助长了策略性学习。

不幸的是，很多测试与评估的传统做法，甚至时兴的评估教学方法并不比我当年的做法高明多少，经常不能正确评价不足之处。我们给学生评分的很多传统做法，我们可以称之为评价，似乎经常陷入考虑与学习关系不大的次要内容的泥淖中。很多考试能够捕获学生的某种应试能力，但是很少能反映学生的思维能力（记住物理学生在期末考试中取得很好的成绩，然而他依然用非牛顿的术语来思考运动）。与此同时，如何鉴定教学（我们可以称之为评估）的讨论主要围绕着学生（给老师打分）的评估表的优点和缺点进行。在最好的情况下，他们将注意力放在看教师是否运用了合适的教学法；在最坏情况的情况下，他们束手就擒，打出投降声明：教学评估实在难以为继。

与此相反，我们发现，那些打破传统的教授打造了全新的方法，解决了评价和评估问题，并利用传统方法和全新方法之间的差异去回答长期困扰我们的关于评价和评估的问题。说来并不奇怪，这些人就是我在书中谈到的同一批人。在他们手中，评价和评估变得相辅相成，以有利于学习为目的。当他们评价学生时，他们也同时测试自己促进学生学习的努力；当他们评估自己的教学时，他们是通过看学生学习的目标和结果来评估的。

评 价 学 生

杰出的老师运用评价的方法帮助学生学习，不仅仅是将学生的努力结果评分排序。达德利 · 赫希巴赫告诉我们：“我要帮助他们了解自己，这样他们可以更好地学习和思考。我对像收银机一样把分数累计起来并不感兴趣。”考试和作业成为一种帮助他们了解自己学习进步的方式，同时它们也帮助评估老师的教学。

珍妮特·诺登解释道："我用每一次考试来告诉自己我帮助学生学习的效果。如果我看到错误理解成为一种定势，我将不得不'回炉'重教这部分材料。"

许多和我们谈过话的传统型教师很清醒地把成绩视为一种方法，正如一位教授所言，一种"把绵羊与山羊区分开来"（分出优劣）的方法。很明显他们头脑中没有这个概念："山羊"可能会反映出教师的相关教学能力，他们更不会将其与教学、学习、评价、评估联系起来。在传统型老师的观念中，学校教育主要是证明，选拔最优秀、最聪明的尖子，而不是帮助所有学生学得更好。"我认为，"一位老师告诉我们，"我的很多同事以为他们的主要责任是发现能力而不是鼓励其发展。"

同样重要的是，评估与评价强调的是学习而不是操作。为了理解这种基于学习的方法，让我们把它跟更传统的基于操作的思想方法作一对照。在那个传统的模式里，学生的成绩主要看遵守课程指令的能力。在最好的情况下，这些要求可能源于某些合理的学习方面的考虑，但是随着各项要求自成体系，而作为根源的东西则被遗忘。在最坏的情况下，这些要求的制定似乎是源于教授操作的方便，而不是学生合理的学习目标。在所有的情况下，成绩产生于在课程规定的范围内学生操作指定任务的好坏程度。

然而，在以学习为中心的方法中这些用于评价的问题是不同的。教授们不问学生是否在课堂上说了些什么或者完成某项作业或得到某个分数，而是问：我要学生在课堂上享受什么样的智能发展和个人发展，我能用什么证据来证明他们发展的性质和取得的进步？（这一问题称之为基本评价问题。）

注意这个问题的几个方面：第一，它假设学习是一种发展的过程，而不仅仅是一个获得的问题。当人们发展新知和推理能力时，学习首先需要人们经历智力和个人的变化。第二，评分不是成为排名次的手段，而是与学生沟通的手段。关于学习的证据可能来自一次考试、一篇论文、一个科研项目或一次谈话，但是，教授设法突出和表现的是学习而不是分数。

迟交的论文不算数，这一广泛通行的做法提供了基于操作的方法之例证。这个政策的出台倒也情有可原，因为有些教师认为学生应该学会遵守截止日期。在另外的情况下，这种举措的产生是为了防止学生在自己的学习圈内相互抄袭。但是，学者们自己干工作时，也并不见得总是讲究截止日期的学科，或者在学生们并没有相互传阅论文的班级中，这一做法也依然被坚持，毫不通融。老师常常以苛刻与精确的形式来给论文判分，仿佛这样的数字才能够真正反映学生时间观念内在化的程度。这些数字本身经常暗示守时的能力极其重要，有时候甚至超过专业的学习能力。大多数奉行该政策的教授并不主张遵守截止日期的能力是一个学习目标，他们也不想创设德里克·贝尔搞的那一种学习团体（见第六章）。他们对迟交的论文不计分数仅仅是因为他们不喜欢迟交的论文。在他们的教学中，他们通常强调的是惩罚，而不是去强调对其他等待阅读论文的同学要尽的义务。甚至那些把该政策作为一种学习目标运用的人，也拿不出任何证据说明它实际上促进学生遵守时间，或证明学生在课堂以外的范围亦能坚持守时的习惯。因此，在很多班级里迟交的论文作废的政策不再有任何学习的根据，只有基于操作的理由。

以一位不在我们研究范围内的教授为例，他曾经在学生的论文上写到："这是一篇有趣的记叙文，但是还可以推敲一番。如果你按时交卷，极有可能获取（加上强调）高分。虽然你的论文迟交了四天，但是我还是要减半处罚。"在此评语之下，他字迹潦草地写道："B(84)－20(迟交处罚)＝64＝D。"在那个评注里，该教授没有提及学习，仅仅暗示，他已经非常慷慨地在分数游戏里削减了该生的懒散处罚。这种处罚留下一点令人寒心的提示，对于现存教学目标的评分等级而言，分数的累计甚至明显地比“推敲”论文（这一含义模糊的概念）重要得多。

或者我们来看看文学班，班上的每个学生选择一本19世纪俄国小说来阅读、分析，并且给班上其他同学作报告。虽然许多学生选择短篇小说，但是有一个人选中了托尔斯泰的《战争与和平》。不幸的是，那个学生抽到一个顺序靠前的签，但是那本书的长度和复杂使她无法及时完成。她与教授商量能否与愿意的同学交换一下作报告的顺序，但是教授毫不通融。结果她雄心勃勃的阅读计划遭到了该班规则无情的重罚。

将这种方法与最优秀的老师的实践和思想进行对比：他们的确希望他们的学生学会以守时的态度来干工作，但是他们并不认为自己评分的权力能促进学生学习，也不认为一份迟交的论文说明该生耽搁了时间（“论文迟交除了耽搁之外尚有很多种理由，”一位老师提醒我们，“他们交晚了可能因为他们决定为了这个计划追求更高的目标，或者在文章上下更多的工夫。”）。他们相信外来的威胁可能会适得其反。

与这些威胁手段相反，有些杰出的教师可能尽力去帮助他们的学生做事有条不紊。一位老师发了一张纸，上面标有7栏24排，一个格子代表一星期的每个小时。“把你用于听课、走路、睡觉、休息和吃饭的每个小时做一个标记。现在，你能找到做家庭作业的时间吗？你将需要两倍于课堂的时间才行。如果没有，你可能没有时间来修这门课。”在上课的第一天，很多老师会解释每一个字母分数等级的期望值，并且给学生一张注明各种计划应该完成时间的日期表。“如果你在规定的日子内完成了任务，”一个老师告诉他班上的学生，“你取得了进步，并会一步一个脚印地迈向课程的目标。”他接着解释说如果他们逾期不能完成，在做下一次作业之前，他就不能给他们提供有用的评语。“假如你进步不大，假如你们需要有人来吓唬你，”有人告诉学生，“那么我就准备那样做，尽管如此，你们要学会控制你们自己的生活。”运用这些方法，迟交作业的学生几乎绝迹。

在大量的例子中，我们发现强调的是学习而不是操作。并非所有的老师都仿效这一做法，但是他们经常打破常规，清除把教育变成一种障碍的传统陋习。评分代表对学生思维的评价，而不是看他们是否遵守某些任意的规则。“工作的质量并不因时间的早晚而改变，”一位教授解释道，“难道西斯廷教堂的天顶画因为延期就不美丽了吗？”这一做法也意味着学生不能因为遵守游戏规则就赢分。然而很多被研究的老师向学生提供多种途径展现学生的思维，他们尽量防止所谓的“任意加分”：学生做了跟学习无关或者关系不大的事情（譬如，填写在线班级评分）而加分。

基于操作的方法在教授经常努力培养和奖励课堂参与的做法中非常明显。一种常用的方法是每次学生开口后就计分。当我们询问研究计划之外的教授为什么他们要提供这样的刺激时，他们显然相信分数是必要的激发因素。还有的人认为参与智力交流的能力是班级的学习目标之一，并且把参与的成绩视为他们对学生如何发展成才的评价。

只有最后一组差点儿提出我们的研究对象非常珍视的基本评价问题。其他的组制定了课堂内表现的规则，根据学生达到规则要求的程度来打分。然而即使最后一组也是强调成绩而轻视对学生学习和发展的评价。尽管这些教授作出评价、给出分数，但是他们没有提供建设性的反馈意见。他们轻而易举就可以决定打一个分数，象征该生已经具有参加智力交流的能力。他们可能会对分数的高低和如何计分争论不休，但是他们对这种评分方式的价值以及用字母评判一个人思维的方式毫不怀疑。确实如此，大部分老师争辩说把用分数来评判，使其更加精确，差不多是“科学的”，并且肯定是“客观的”。而这种方式缺失的东西是智力界定、批评以及向学生说明这就是你的作为有价值之处，这是你如何发展的状况，这是你能够不断成熟的方式。这正是我说“推敲”论文的含义。

形成对比的是，基于学习的方法在我们的研究对象中很普遍，他们力图建立一门能够促使学生认真思考重要问题的课程。学生的谈话可以帮助显示他们如何解决问题，但是教授决不能单靠那个证据来做最后的评价。课堂讨论可以给学生练习交谈而且接受实质的建设性批评的一个机会，但是它们不会成为根据学生说话的次数来决定成绩的一种得分比赛。

练　　习

为了使基于学习的评价发挥作用，卓越的教师设法尽量地去了解他们的学生。一位教师解释道：“不是我善于给学生作评判，而是这样做我能够帮助他们学习。”他和其他人在开学之初就开始收集学生的信息资料。他们考察学生的志向、学习的方法、学习的概念、推理的方式、思维模式、性格气质、思维习惯和情感习惯和占据他们注意力的日常琐事。保罗·贝克想要知道“每个学生的五种感觉中哪一种最敏感”。在他的综合能力班他帮助学生考察视觉、听觉、嗅觉、味觉和动觉。通过开学初期他开始搞的一系列练习，他帮助每个学生“发现一个人真正的天赋是什么”。举个例子，他解释说：“有些人认不清线条和颜色是否真的是像别人说的那样。所以你帮助这个人去发现他的五种感觉中哪一个是他的强项。有些人也许五项都强，但是一般人总有一两项感觉比较敏锐。然后你就扬长避短，因材施教。”[①]

有些杰出的老师运用调查形式，或者是最宽泛概念上的预

① Meg Cullar, “Interview with Paul Baker,” *Baylor Line* (Fall 2001), pp. 46－49; quotation from p. 46.

试。在上课的第一天，有的老师给学生列出一份从五到十个专业课程将帮助他们解决的问题，然后让班上的同学就每个问题按照兴趣排出顺序。至今还有一些老师有课前课后与学生交谈的习惯，以更加随意和轻松的方式收集此类信息。有相当一部分我们研究的教授定期与学生共进午餐。他们可以和小组的学生制定一份日常吃饭的时间表，一直排到班上的每个人都有机会参与其中。拉尔夫·林恩在每个班度过的第一天是给学生一种词汇测验，这种测验告诉他学生思维和理解的大量信息。当他报单词听写并且让学生下定义时，他用自己的努力来使那个练习不那么枯燥，比如叫出每个学生的名字。当他兴味盎然地在学生座位之间前后左右走来走去，测试他自己对名字和面孔的记忆力的时候，他想的是透彻了解学生的思维。

当学生们初来乍到时，收集个人信息的特殊练习对于全方位地了解学生是远远不够的，重要的是对学生进行全方位的了解。日积月累的经验非常重要。资深教授会对学生有一个全面、详尽的了解，这是长期经验的积累形成的。然而，这并不是说，这种概念变成了呆板僵化的人工制品——老师头脑中陈旧发黄又经年不变的笔记。相反，甚至在已经教了几十年新生的老师中，我们发现当他们接手每一个新班的时候，心目中依然有一种新鲜的“他们这个学期将会变得怎么样”的探究意识。他们也许有多年经验积累的丰富假设，但是他们碰到的每一个独立个体都要求对旧理论来一次新的检验。最重要的是，卓越的教师似乎收集那些信息不是用来评判，而是用来帮助学生。

老师熟悉学生的过程连续不断地贯穿整个学期，他们特别强调作为课堂教学的结果，学生如何发生变化或原地踏步，以及学生对课程的反应。此外，各种教学技巧似乎各有千秋。有些人叫学生对一堂特殊课写出即时反应，在下课前花两三分钟时间解释他们已经做的主要结论和得出这些结论的原因，还有他们头脑中遗留的专业问题是什么。另外有些老师定期给学生一些可以反映他们思维的小练习。在大班级里，有的老师创建永久性的小组，然后定期会见每个小组的代表。

很多教授在上完三、四周课之后，会运用一些匿名反馈的形式来了解学生。有一个叫做小组分析的活动，利用教学中心或同事的资源来开展调查。咨询者走进教室，而授课教师则离开回避。此人把学生分成小组或结成对子，请每个小组花六或七分钟讨论三个问题：教学或教师以什么样的方式帮助你们学习这门课程？你能不能在教法和课程中提出一些能更好地帮助你学习的改革方案？如果该课程或教法已经帮助你学习，那种学习的性质是什么？每个小组收到这些书面问题，并受到鼓励做好关于讨论的笔记。六七分钟之后，咨询者叫各小组集合，从他们身上收集反馈，与此同时，邀请另外一些人交流一些主要补充意见或与他们同事反馈相左的不同意见。整个过程不到 20 分钟，而且允许咨询者一方面澄清（问一些当我们读学生评论时想了解的问题）另一方面核实（搞清楚在评估时是否有分歧）。

运用考试手段

运用评价来帮助学生提高，为学习过程精心制作一个学习的基础而不是操作的基础，收集学生的信息是第一步。第二步是帮助学生弄懂并使用评判他们的标准，这需要尽可能清楚地诠释那个标准。当我们与非研究对象的老师谈到这个方法，很多人简直是迷惑不解。因为他们认为学习就是记忆、测试就是回忆。除非查看正确答案，他们不能想象什么人能够评判他们自己的工作。如果他们想方设法去规定他们课程的标准，他们经常谈论每一次作业算多少分，要多少分才能得一个 A。

与此截然相反，作为我们研究对象的老师详尽地谈到学生欲获得A、B、C每一级成绩必须达到的相应的学习水平。学生们必须发展哪一种抽象的推理能力？什么是他们必须慢慢理解的东西？他们必须怎样应用那种理解？理解什么样的问题？他们必须能够分析、综合和评估什么东西？他们做这些评估时依据什么标准？他们应该能够参与哪一种谈话？和谁谈？

在这种评价的概念中，主要的目的是帮助学生学会思考他们自己的思维方式，这样他们能够运用学科或专业的标准来认识缺点，当他们思考时改变他们的推理方式。标准不是对学生进行高低分排名。所以，成绩分布曲线的评分方式，完全没有任何意义。学生达到优秀必须有一定的标准，但是这些标准没有一项是绝对的，它们也不是任意的。分数明确地代表一定的成就水平。不止一个人告诉我们："如果全体学生的成就是A，他们会得到A；如果他们得到的成就是F，那他们的成绩就会得F（不及格）。"

把考试当做一种游戏，让学生们花费时间准备，挖空心思去预测老师可能要问的问题，在这个世界上这也是毫无意义的事情。"我要我的学生开动脑筋自己准备，注意力集中在他们理解的内容上，以及如何利用理解的东西进行推理。"保罗·特拉维斯告诉我们，"我不要他们花时间猜透我可能要他们回忆的事实。如果他们理解了，他们知道何种信息值得记忆。"对特拉维斯来说，这就意味着他给学生的几乎都是拿回家做的开卷考试。"我不仅仅是要测试回忆或识别，而且要考他们是怎么理解的。"对其他人而言，它意味着在上课第一天他们将期末考试的专业问题和盘托出。在数学和其他面向难题的学科，它意味着帮助学生理解概念，这些概念允许他们解决难题而不是只强调解决问题的机械实践。萨里没有一星期又一星期地在学生面前演算微积分，或者纯粹叫学生在家庭作业里重复这个过程，他帮助学生学会发明微积分。

很多杰出的老师在给学生综合性考试时，每一次测试都可以取代上一次的测试。第一次测试涵盖了从课程开始的内容，而且后面的每一次的考试也是如此。诺登告诉她的学生：“‘脑膜炎’在课程开始和课程结束时一样重要。”期末考试涉及整个课程。“你不能只想对付学习，考试刚刚结束就匆匆吻别。”拉尔夫·林恩经常这样说。在这种制度下，学生可以尝试，可以不及格，因此得到他们努力结果的反馈，在下一次考试中再努力。在课程结束之前，他们理解的东西和动脑筋的收获比什么别的东西都重要。

虽然有些人担心这种制度会鼓励学生学习拖拖拉拉，一直耽误到期末；而最好的教授则并不担忧，因为他们不用分数去激励学生。他们创造有魅力的课堂教学吸引学生并且赢得他们的注意力。实际上，很多我们的研究对象告诉我们他们很少跟学生讨论“评分制度”，取而代之的是告诉他们哪几种他们应该把握的理解和推理能力。他们认为没有任何理由在开学之初就告诉学生综合性的期末考试比什么都重要。假设学生碰到不可预见不可控制的紧急情况而错过一次考试，他们耽误考试之后，一个人告诉我们：“你可以简单地说：‘别担心，下次考试你还有机会，因为它将会覆盖这次考试和以前一些考试的内容。’”

凭借一次次考试的累积，教授向学生传达一种信息：学习应该是永久长期的任务，并不是考试及格就万事大吉。与此同时，他们鼓励所有的学生（甚至那些第一或第二次考试不及格的人）继续学习，把热度保持到最后。此外，有了这样的制度，他们就能够利用需要高深推理技巧的考试，并使每一次测试比上一次更深奥更复杂，以扩展学生的能力并且激励他们去提高。

当我与研讨班的同事交流这些方法时，他们有时候把它们视为“应试教学”，在他们的心目中这是一种最值得鄙视的实践。

他们意识到，测试经常无法充分了解学生正在获取的智力和个人的进步，它们不过是输赢的游戏。这样训练学生去玩这些游戏似乎与更高的智力追求南辕北辙。与此相反，卓越的教师把考试看成已经出现在课程中工作的一种扩展。老师训练学生去做某些形式的智力劳动，而不是去当应试高手。然而考试则要求学生掌握应试技巧。因此我们的目标是在课程的智力目标和考试评价的目标之间寻找一个调和点。

学习的目标决定教学和评价的本质。如果学生的目标是分析和评估证据，接着把信息和观点综合到自己的工作中，那么教学会给他们提供实践和精确的反馈，同时，测试或论文可能后来确定他们是否有此能力。如果教学目标是发展足够的理解来解决难题或学会批判地思考，那么评价不会依据在有限的时间内他们能够回忆知识或识别正确答案的熟练程度来决定。

最重要的是，列入我们研究方案的老师在给学生作评价时往往有一种强烈的谦卑感。“我并不是一贯正确的，”一位教授告诉我们，“我意识到了解一个人的智力成长有很多困难，但是我的学生和我必须尽力去做这件事。实际上，那是我教育使命的一部分：帮助学生尽力弄懂他们自己的学习。最后，我只不过尽我的能力作出最好的评判。”这种观点我们经常碰到。那样的谦恭意识渗透到他们的评价概念中，他们认为评价需要经过认真地推理后得出，也使他们理解分数含义的局限性。“我不是判断什么人，”一位教授告诉我们，“我只是尽力去理解有关学习的事情，以便帮助学生继续学习。”

依照此种精神，有些最好的教授叫学生自己评价自己。一个经常使用的模范样本要求他们提供关于他们学习本质的证据和结论。在学期期末，他们写一份 750 到 1500 字的概要，说明他们怎样能够评估他们的推理能力，认识到哪些是强项，哪些需要提高。

教学评估

这里有一个模式：每一种行为都是以学生的学习为中心，并且最终都源于对学生学习的关心。这种相同的模式也体现在这些老师思考如何评估他们自己努力结果的方法中；甚至在决定评估自己教学的承诺中都有所反映。为了了解这种承诺涉及的范围，让我们先看看评估教学的传统方法。

当我们向普通的老师问及教学评估时，他们经常否认此事的可行性，这暗示着他们的头脑中没有进行教学评估的标准。如果一定要他们告诉我们关于某人的教学有什么样的问题要回答，他们通常强调对方法的探究。用这种基于操作的模式评判教师主要是依据他们的教法是否符合课堂教学中某些大家接受的习惯。他们运用了最新的技术没有？发动课堂讨论、点名叫学生了吗？黑板上的字写得清不清楚？发放试卷迅速吗？限制讲课时间、运用讨论或个案研究了吗？讲课有没有条理？

毫无疑问，这些问题指向优质的教学实践，但是它们的焦点依然是教授有何作为，而不是学生有何收获。一位教授可能在所有的传统正规的实际运用上得高分，但是却对学生的学习没有什么积极的影响。形成对比的是，我们的研究对象采取基于学习的方法，问一些基本评价问题。这种教学是不是会帮助和鼓励学生学习，并持续地、实质地、积极地改变他们的思维、行为或感觉方式，而不会对他们造成任何严重的伤害呢？

那个问题又分为四个子问题，我们研究的老师（不管是什么专业）都认为非常重要：(1) 材料值不值得一学（或者是材料是否符合课程要求）？(2) 我的学生是不是正在学习该课程应该教授的内容？(3) 我是不是正在帮助和鼓励学生学习（他们没有我能不能学习)？(4) 我伤害了学生吗（也许用威胁的手法促进了短期学习，阻碍而不是激励在该领域产生更多的兴趣，助长了策略性的或贪多嚼不烂的学习态度，而不是深入的思考，忽视不同的学生人群的需要，或没有做到精确地评价学生)？

为了回答这些问题，卓越的教师参与了一个对教学目标的广泛检查，检查学生的工作以反映学生的学习，分析用于评价工作的几种标准和方法，仔细查看期望中学生学习的水平。为了评价他们的学习目标，他们追踪学科内外呈现的重要的智力发展。他们甚至会征求同事对这些目标的评论意见，但是他们也经常对有关教育目的的公开讨论发表意见，在他们所教的课程中把可以接受的学习界线向外扩展。当珍妮特·诺登第一次为她的医科学生引进个人目标和智力发展目标时，这些目标并不是所有她的同事都乐于接受的。今天，这样的目标在医学教育中成为可以接受的实践活动。

学生（给老师）打分

在第一章里，我提到如果你问学生合适的问题，他们的回答能帮助你评估教学质量。这个结论是在查看对学生打分的研究以及我们研究对象运用学生打分后得出的。举例来说，从那项研究里我们知道如果你叫学生做像这样的事情——“为你在这门课程中的学习打分”，他们的反映通常与自己学习的独立方法有极大的关联。然而，在那个发现背后，总是潜伏着这种可能性，即学生可能没有形成公认为有效的学习方法。譬如，如果学生只是想去记忆大量的事实，而教授要他们去分析、综合和评估，什么事情会发生呢？他们会给老师打低分吗？如果他们打了低分，这样的评估有什么价值呢？相反地，他们会不会从理论上给只要求他们死记硬背的教师打高分呢？诺埃尔·恩特威斯尔（Noel Entwistle）与希拉里·泰特（Hilary Tait）两位苏格兰研究者对这些问题颇感兴趣，并且发现不同的学习者可能会给同样的经历打出截然不同的分数。好钻研的学习者说他们喜欢推动他们探索概念意义和隐含意义的课程，反过来，他们那些不求甚解的同班同学讨厌这样的体验。认为学习意味着注重记忆的学生赞扬强调记忆的课程，而那些期待在高水平上推理的人报告他们没有学到很多东西。

有些老师认为这些研究结果证明学生的打分不能用来评估教学，但是总的来说，我们的研究对象对此有不同的看法。有位教授这样说：“如果我的学生对于学习浅薄的知识感到满意，并且他们告诉这个世界我做了一件帮助他们学习的好事，这种赞美我会一笑了之。”而与之相反，另一种情况是他和其他一些人都不能忽视的。“我有一些学生，”他报告说，“到我的班上来时，认为他们必须要做的全部事情就是记忆和反刍。他们刚开始上课时会感到受挫，因为我让他们去理解和推理。到最后，如果他们给我打低分，这是因为我未能影响他们的观念，即学习我的学科的意义是什么。”打分不仅仅体现学生意见反复多变的特征，而是指向课程中一个真正的软肋——教学失败在于没有从教育观念上影响学生，并且没有帮助学生理解本来应当理解的学习的本质。

诚如另一位老师所言：“只有学生在思想上达到了我要求的质量时，学生打的高分才说明了成功。并且这种质量在打分中是反映不出来的，而是通过我的教学大纲、课外作业和对作业评分的方式反映出来。从另一方面来讲，低分通常告诉我，我未能影响我的学生。”

其他几个问题对这些老师来说也不容忽视。“如果我要知道是否我已经在思想上挑战了学生，或者激发了他们的兴趣，”一位教授告诉我们，“有没有比直接问他们更好的方法？”[①] 然而，最重要的，不是班上的平均数，而是班上有百分之几的学生受到这些老师“教育上”的影响。他们在一个6分的测量表上打出3.8的平均分，是因为大部分的分数都集中在中间段，还是因为绝大多数学生给他们打高分，同时有几个其他的人将他们置于低分段呢？为什么他们不能影响这些不满意的学生呢？他们如何提高他们的努力程度呢？得罪了其他人却影响了大多数学生，他们能否满足于这种现状呢？

关于教学评估体系

当我们听到这些观点和问题的时候，我们开始觉得奇怪，不知道我们能否运用它们去形成一个更好的累计性的教学评估。总而言之，如果我们想要从杰出的老师的洞察力中学到东西，我们必须能够正确判断什么构成了有效教学的内容。最后，我们感到这项研究的最重要的教训之一是教学必须从学习的角度来评价。对老师个人而言，如果他们希望要改进教学的话，他们必须对自己努力成果的质量作出有见识和明智的判断。学校必须评估教学质量，这样做它们既能够帮助人们提高，并且最后它们又能够留住卓越的教师。

最近几年，很多教员拼凑准备“教学文件夹”。对大多数人而言，他们得把凡是与教学沾边的资料全部塞进一个盒子，再呈送给系主任或院长。那种集成式的方法几乎不能反映出有关优质教学意义的思想，并且经常制造出评估者觉得毫无用处的大堆资

① “针对向你的智力挑战的教学效果给教师打分”，或“针对激发你对学科兴趣的教学效果给教师打分”。

料。与此相反，其他的人开始把这种文件夹看做是关于教学质量的一种学术论证。就像任何类似的论证一样，它从小心翼翼、老老实实地搜集证据开始，然后慢慢运用证据，得出关于教学本质和质量的结论。①

这一论证试图回答基本的问题。并非每个学科都对同一研究感兴趣（譬如，历史学家通常根本就不在乎他们的课程是否帮助学生通过国家医学委员会的标准考试），但是所有学科的教授都应该对我先前称为基本评价问题的问题和梳理出的四个子问题感兴趣。

在回答这些问题时，有力的证据包括哪些呢？这有赖于你想回答的具体问题或子问题。在某些问题上，学生的打分提供有力的证据；而对另一些问题而言，只有教学大纲、学生作业的样本，或一个同事的评论才可以作为有力的证据。任何好的过程都离不开合适的资料来源，然后由一位评估者或评估委员会来编辑和解释这些资料。换言之，学生的议论和打分不是评估，它们是一套评估者可用的数据。教师自我评估和同事评估结果或管理部门的观察数据也可以作为评估的数据。

教学文件夹于是成为一种具有学术性的个案——包含了回答问题的证据和结论。譬如，这样一种学术论证也许能给下列问题提供答案：你已经尝试了哪些方法去帮助并鼓励学生学习？在你所讲授的课程中为什么要达到这些学习目标？你运用了什么策略？这些策略在帮助学生学习的过程中有效吗？为什么有效或为什么无效？作为你的教学成果你的学生学了什么内容？（如果他们不愿学你要他们学的东西，原因何在？）你有没有激发他们学习这一学科的兴趣？这些论证要求仔细和严密的思维。老师们宁

① 对教学文件夹的概念化的见解，我们于1997年首次在一篇文章中提出，源自我们在我们学科实践活动中自我考试中的观察实践。参阅詹姆斯·兰与肯·贝恩，“彻底改动教学文件夹”，《教学教授》1997年12月，第1页。

愿提供一个综合的认真组织的个案，而不愿仅仅是收集学生的打分、教学大纲等等材料，然后送到评估者手中。这样一来，建立证据之间的联系，提供首尾连贯一致性的负担就会落在这些老师身上。反过来，此人将会从自我分析的过程中获益匪浅。

在这一体制中，评估就是回答重要问题的有根据的尝试，但是它作出决定相当困难，并且不能简化为一个公式。教授和他们的评估者应该侧重在学习目标的质量以及帮助学生达到目标的努力成果上，而不能老盯着分数。教学对学生的学习起到什么作用？老师是否期望学生读书有抱负、有创造性，能够对专业学习的讨论作出重要贡献？这些目标是不是反映出最高的科学和学术的标准？有没有理由相信教师帮助学生获得了最高质量的学习？大多数学生的学习质量如何？教师对学生有没有造成伤害？

同事的观察也许不能成为有说服力的证据：教授们倾向于给和自己同一个教学方式的同事打高分，给那些方法不同的人则打低分，而不管其教学如何。此外，一个坐在教室只听了一两节课的观察者未必能够得到班上真实情况的清晰画面。[①] 我们感兴趣的不是老师运用的特殊方法，而是他（她）是否在一个合适的水平上帮助和鼓励学生学习；班上其他定期守点的观察者（即学生）可以提供论述上课是如何进行的内容广泛的报告。

然而，同事能够就学习任务的质量提供不可缺少的评论。他们能够看教案、老师评价学生的方法、作业的性质、老师的报告、甚至学生理解这些目标性质的作业样本，于是他们可以利用这种了解来作他们的报告。同事们也能够相互观察以提供形式严谨的反馈，展开一场关于教学的讨论。

---

① 譬如，一个教师可能帮助学生学习复杂的概念，先通过让他们接触简单的解释，然后慢慢地，上过几节课后，揭示其复杂性。一位仅仅看到第一部分相互作用的观察家可能会相信老师教授给学生过于简单的概念，其实不然，她可能在运用一个相当奏效的策略。

一言以蔽之，一个老师应该把（单独的一堂课或整个课程）的教学看成是一个严肃的智力行为、一种学术成就、一种创造。于是他（她）应该将其发展成为个案，用证据来完善，探索那种教学的智力（也许是艺术）意义与质量。每宗个案将在文章中展示论点。那篇文章会解释学习目标的质量，解释教授为培养学生的成就所做的工作和教师如何衡量学生的进步。文章也会从课程提纲的教学任务单、学生的打分或其他支持这些解释的来源中引用证据。大卫·贝桑科告诉我们："如果你要知道我认为什么对学习真的很重要，那么请看我测试的内容。"考试中有多少内容单纯依赖记忆？是否理解在考试中如何反映？希望学生在何处运用应用、分析、综合或评估这些技巧？然后老师将在文后附一份文中所引证据的附录。

为了评估教学，那么我们就要评价这个论据。这宗个案以教学法的眼光来看，无异于学术论文，它成为旨在记录教学成就的一份文件。虽然一所大学里大多数人的共识可以成为总括性的公认准则，但是有独特见解的老师将会选择该论点最后的形式和内容——正像他们现在处置论文一样。这宗个案的观念允许确定评价数据的自由，但是对老师而言仍然需要仔细和缜密的考量。

我在这里已经概括地论述了一个对大部分教师都大有裨益的方法，但是系、院、学校必须决定谁会审查这些个案。最后，这个过程还有赖于评估者对人类学习理解的深度。它要求全体教员讨论该领域学习的本质，开始精心准备各个学科和课程的认识论文献。它要求关注人类学习的科学，关注关于人们如何学习的大量并且不断增长的研究和理论文献，学习意味着什么，如何最好地促进学习。

为了实现这个计划，系、院、学校应该首先遴选鉴定评估者，帮助他们熟悉学习和评估问题，开始讨论期望中的教学质量标准。很多学科很早就开始讨论学生在智力、身体、情感方面应该做到的要求，可谓历史悠久；而其他的学科却没有这一做法，但是所有的系将必须组织那种讨论。对某些学科来讲，这个标准制定合理，条款明确；对其他学科而言，只有大体的要求。有些研究对象抵制任何详细规定学生必修课目录的企图，这样做有其正当性。但是所有的学科都有可资讨论的智力和艺术标准，他们也可以运用这些标准来解决关于研究质量或艺术产品的问题。

那种讨论应该超越特殊学科的目标，并致力于广泛的课程问题。对于大学本科的教学大纲——也为了其他目的——目标意味着不仅仅问学生在具体课程里学到什么，而是要问作为整个教育的结果他们应该经历的这种个人和智力的发展，以及每一门课怎样对那个过程起作用。

最后，为了强调和明确，一些主要的特点有必要重复如下：

1. 如果我们问学生恰当的问题，他们的回答能够帮助评估者对教学质量作出评判，但是学生的打分本身不是评估[①]。

2. 平均分可能取自各种不同的分数分布状况。平均分可能取自所有的分数都非常靠近平均值的一组数字。平均分也可能来自高分和低分的组合。每一种分布暗示的东西可能与教学成功大相径庭。在前一种情况中，教师想要教好每个学生，但也许只是刚刚勉强成功，然而在后一种情况中，教师可能在帮助大多数学生时高度成功，但是对于其他人则完全失败。系里要哪一种老师呢？什么东西能帮助每个人提高呢？

3. 有些教师无法控制的外部因素会影响学生回答某些问题的方式。一个评估者使用这些信息作评估时，应该考虑这些因素。将这门课程作为选修课或者专业选修课的学生倾向于打稍高

① 这些评估包括：提供一个全面的教学评估；提供一个全面的课程评估；估计你学了多少；针对向你的智力挑战的教学效果给教师打分；针对挑战你的智力的教学效果给教师打分。对学生的回答我们推荐使用一个6分表而不是5分表，因为前者要求学生估价人更多的辨别。

一点的分；将这门课程作为必修课或者专业必修课的学生倾向于打稍低一点的分。前者，即对这门课感兴趣的学生可能占一次测评的5.1%之多。因此，高级课程应该比入门水平的课程期待稍微更高的打分。因为前者是非必修课程，且挤满了据称兴趣很高的学生；后者挤满了缺乏兴趣或被要求学这门课的学生。①

4. 关于分数与学生打分之间的相互关系，相关的文献资料可谓年代久远且错综复杂。当学生期待得到高分时，他们的打分倾向稍微更高一些，但是这种现象并不一定意味着老师评分的仁慈是构成学生打分差异的原因。研究发现，一般来讲，学生倾向于给他们认为具有智力挑战性并且有助于他们迎接这些挑战的课程打高分，给易学的并且受益不多的课程打低分。此外，有两种情况促使学生打出稍微高一点的分：（1）当他们受到高度激励；（2）他们学到更多东西，因此能够期待得到更好的成绩。②

5. 测定老师对一门课程的评分是否宽松仁慈，最好的方法是通过审查课程教材和教学方法以及老师评估学生的实际做法。然而，评分宽松并不见得就是学习不严谨。因为教师们指定的不同字母等级成绩依据的是不同的标准，决定学习水平的唯一方法是详细地查看学生的实际表现（他们写的论文，他们能够回答问题的类型，他们能解决的问题，或者他们学习或活动中的表现）。这些表现的方式随着时间而发生变化，单凭班级成绩总分的平均分不能提供那种信息。

有一套健全的评估制度，我们就能够不断地探索如何成为卓

---

① 参见 Herbert W. Marsh and M. Dunkin, "Students' Evaluations of University Teaching: A Multidimensional Perspective," in J. C. Smart, ed., *Higher Education: Handbook of Theory and Research*, vol. 8 (New York: Agathon, 1992), pp. 143－233; and H. W. Marsh, "The Influence of Studend, Course, and Instructor Characteristics in the Evaluations of University Teaching," *American Educational Research Journal*, 17 (1980): 219－237。

② 参见 George Howard and Scott Maxwell, "Do Grades Contaminate Student Evaluations of Instruction?" *Research in Higher Education* 16 (1982): 175－188。

越的教师和如何进行卓有成效的教学活动。我们可以就教育目标和实现目标的最佳方法进行多方位的交谈。我们能够运用这项研究的一个主要结论：优秀老师通过持续不断的自我评估、自我反省、自我更新，提高了他们的教学能力。

八　从卓越的教师身上我们能够学到什么？

我们能够学到那些教学有方的老师的洞察力吗？

我们能够学会，但是我们必须大力学习“闭着嘴巴教书”（正如唐·芬克尔（Don Finkel）著作的精彩标题中所说的那样[①]），认识到教学不单单是讲课，而是做我们力所能及的任何事情去帮助和鼓励学生学习，而不对学生造成任何严重伤害。那需要对我们心目中的教学来一个基本概念转换。如果你请教学术界人士如何给教学下定义，他们会经常论及“传递”知识，仿佛教学就是讲授。这种教学方式会让人觉得很欣慰，因为它让教师完全掌握了控制权；如果我们讲授内容，我们就完成了教学。然而，为了从卓越教师的教法中获益，我们必须接受一个不同的模式，在这种模式中只有当学习发生的时候教学才发生。最重要的是，在这种概念中，教学就是创造一种状态，在这种状态里我们大部分（如果不是全部）的学生将会发现他们学习的潜能。这听起来像艰巨的工作，而且有点儿吓人，因为我们对自己的角色没有完全的控制力，但是它是有丰厚回报和能够达到的。

---

① Donald L. Finkel, *Teaching with Your Mouth Shut* (Portsmouth, N. H.: Heinemann, 2000).

也许我们面临的最大障碍是这样一种观点：教学能力是与生俱来的，我们无法改变我们是否有此天赋。我们的研究对象竭尽全力去学习如何创造最好的学习环境。当他们未能教好学生时，他们会思考失败的原因，深刻剖析找到症结所在。最重要的是，因为他们赞成学习而不是教学的传授模式，他们意识到他们必须思考了解学生学习的方式。所以他们的关注点包括学生解释某物的方法，但是更主要地集中在一个深刻的内在的对话：我说的“学习”是什么意思？我怎样能促进学习？我的学生和我怎样才能最好地理解和认识到学习的进步（以及退步）？我怎样才能知道我的努力对学生是有益还是有害？

卡罗尔·德韦克（Carol Dweck）的著作可运用于此。记得她发现那些相信智能是恒定不变的人经常产生一种消极的无能感；而那些相信智能可以靠努力工作获得发展的人更可能成功。那些相信教学主要是传授知识的教授会认为成功由与生俱来的个性品质决定，对此他们无能为力（“有些人天生就是能言善辩的讲演家，但我不是”）。因为其他人（像我们的研究对象）认为教学促进学习，他们相信如果他们更好地理解他们的学生和学习的本质及过程，他们能够创造更成功的学习环境。

成为一名优秀教师的部分原因（不是全部）是懂得你总是有要学习的新东西——并非很多关于教学技巧，而是关于在特殊的时间有着各自不同的志向、疑惑、误解和无知的具体学生。向卓越的教师学习，我们必须认识到我们能够学会——虽然我们仍然将会有失败。我们不可能把全部学生教得一样好，但是关于学生中的每一个人、关于一般的人类学习，总有东西值得一学。

高水平的教学不过就是技巧的问题，或许这个十分简单的概念是第二个大的障碍。持这一观点的人也许盼望本书给他们提供若干可以运用于他们自己课堂的简单易学的诀窍。如果你认为教学仅仅是传授知识，这样的想法很有意义；但是如果你把教学视为创造美好的学习环境，上述观点则毫无意义。最好的教学经常是一种智慧的创造，同时也是一门表演艺术。是伦勃朗的绘画技巧和他天才的洞察力、眼光、原创性、理解力以及移情作用造就了这位荷兰大师。总之，我们必须在我们的学科内就学习的含义以及怎样最好地培养和认识它努力奋斗。为了那个任务，我们不需要那些通晓所有正确程序、墨守成规的专家，但是欢迎那些适应能力强的专家，他们能够把基本的原则运用于所有的情况和他们可能遇到的学生身上，认识到什么时候创新是可能的而且是必要的，并且认识到教学的“最佳方法”并不是唯一的。如果我们要从杰出教师的洞察力和教学实践中受益，我们必须超越“接受型认知者（received knower）”的方式：期待正确答案（即这门职业的诀窍），这样我们能够不动脑筋就教书。

当约翰·塞克斯顿（John Sexton）于2002年宣誓就职，担任纽约大学第15届校长时，他提出了21世纪新型教授的概念。他指出“我们必须重新审视接受‘教授’这一头衔的意义”。“终身教授即最出色的独立签约人”的陈旧概念必须让位于这种观点：大学的全体教职员工为了“整个学习、学术、教学的事业”，应该接受各项社会责任。

正如塞克斯顿所认识的那样，新型教授组成新型的大学，同时也需要新型大学这样的环境。我们不能以研究与教学的传统两分法，即经常使20世纪高等教育失去活力的那种分离方法来思考问题；我们可以把我们自己看成一所学习型大学，与教师的学习（即科研）和学生的学习（即教学）两者有关。在这所大学里一个人的学习可以使其他人受益。“学习型大学”有时候是指学生参加教授的研究，或者学生进行他们自己的调查，但是更广义地说，它是指创建一个团体，在这个团体中教授与学生在一种平等的环境里共同参与广博睿智的交谈。“学习型大学”能够反映出关于学生和他们的价值的一种态度（无论这些学生是查德·

理查森在一所开放录取大学碰到的那帮学生，或者是这些经过层层精选加盟哈佛和纽约大学的学生）。大家公认，教学相长，促进别人学习的努力能够刺激我们加深理解。建立和维持一个学习者的团体是落在教师肩上的责任。这个团体的核心价值在于人人参与的约定和师生共同维护该团体和保持交谈的责任。

反对教学和科研两分法以及重新界定教授含义的呼声有一定的道德理由。只将注意力集中在教员的学习和我们学生发展过程中的道德要求方面，这有其固有的自私性，但是这也有其实用的特性。我们不能长期维持这么一个学术团体，如果这个团体只是有利于一代人取得成就而不利于所有其他人进步。

但是我们还不能仅仅对老师们说，教得更多一些更好一些。如果我们真正地对界定新大学和新的教授职务感兴趣，我们必须认识到关于人类学习我们有需要了解的东西。关于学与教的研究和理论文献能够告诉我们的是如何设计一门课程和任何其他的教育体验。对“该领域的认知意义”深入有力的认识论探究和对“人们如何学会思维”的研究都能使各门学科从中受益。最后，这意味着我们通过做卓越的教师中许多人没有做的事情，来从卓越的教师身上学到东西。他们没有多少人系统地查阅学习文献，他们与学生一起工作逐渐形成了自己的洞察力。然而，他们形成的概念充分反映了社会和认知心理学家、教育人类学家、社会学家和其他研究者得出的结论。我们必须潜心思考卓越教师如何成功的宝贵经验,但是,对大量论述学习的研究和理论著作视而不见似乎是愚蠢的。如果我们的学生宣布他们计划中断在我们学科的学习，并且从直觉或者幻想中得出他们的全部结论,我们是不能容忍的。

造就既懂专业又会教书的新型教授，我们必须改变我们培养年轻学者和支持现有学者的方式。达德利·赫希巴赫已经建议每一篇论文应该包含一章关于如何帮助其他人学习那一项研究的主题。李·舒尔曼（Lee Shulman）已经提出，各系要求每个应聘者主讲一堂关于他们教学思想的讨论课。[①] 我们也可以给现在的教授提供支持。学院和学校可以建立系或研究院所，专门研究和推动大学学习；也可以建立学术团体，其成员潜心于研究教育问题，思考教育问题与大学教育事业的关系，帮助在其他系的同事认识这些研究并从这些研究的意义中受益。

这些院所可以发展以研究为基础的教学首创精神，本着这种精神他们与全校的同事通力合作解决难题。他们可能关注为什么有些学生群体（可由任何人口统计学来界定）没有达到期望的学习目标，或研究如何帮助全体学生达到一种新的发展水平。这个首创精神将会完善问题，探索现有的文献资料，形成一个关于什么会起作用的假设，一个完成那个假设的计划，还有一个针对该结果的系统性评估，最后对关于大学学习的不断增加的文献作出贡献。

这些研究所的老师可能来自传统的领域，但是他们对本专业的学习方法进行了专门的研究，还有的人可能来自学习科学。通过组建一个类似学术机构的研究所，将其工作人员作为教职员工，学校才能够认识到研究所事业重要的智力性质，并且对其工作人员坚持同样严格的、跟任命教职员工一视同仁的任职和晋升标准。这样的手段也会帮助吸引学术界的一些精英加入教育事业，鼓励各个领域的高级学者时常地思考和探索这些问题，担任这些院所的访问学者。作为这类部门典型的几个教学中心已经出现了[②]。

有很多位高权重的人反对赋予教学以与发现知识一样的学术

---

① 假定教学哲学会探索我们已经通盘考虑这本书中的四个问题：学习这个科目意味着什么？我们如何最好地促进那个学习？师生怎样最好地理解学习的性质和过程？教师们怎样才能知道他们的努力是帮助学生还是伤害学生？

② 参看网站 http://www. nyu. edu/cte/researchbased. html 与 http://president. scfte. nwu. edu/S2_research. html。

尊重。在过去的半个世纪当中，很多投入高等教育的资金通过拨款的形式用于研究。那些最成功和最有声望的院所用这些美元建立了它们的名气。在超越其他国家智力成就的热潮中，我们把赌注押到了二次大战后才出生的两三代学者的学习潜能上，与此同时，我们经常忽视我们大部分学生的需要。执行这样的政策很难维持一个民主社会。我们甚至不能确切知道我们传统评判学习的方法实际上是否已经鉴别出最有天赋的潜在学者。

然而，有一个小秘密仍然可以战胜反教学力量。在 20 世纪 90 年代，锡拉丘兹大学在全国许多主要的研究性大学两次调查教员和行政官员，询问他们对教学与研究有何看法①。大体上来说，每个人沿着从教授、系主任到院长、教务长直至校长这条线，都认为教学与研究两者同等重要，但是每个人都认为他们在教学中比线上高一级的人要投入更多的心血。教授们认为他们的同事比系主任更重视教学，系主任比院长更重视，依此类推。同时，校长、教务长、系主任认为他们对教学的重视程度远远超过一般的教员。于是这个秘密终于真相大白：每个人的确真的很关注教学，至少他们口头上说他们关心，或者知道他们应该关心——甚至在研究性大学里也是如此。现在正是我们应该就那个小秘密做点事情的时候了。

---

① Peter J. Gray, Robert C. Froh, and Robert M. Diamond, *A National Study of Research Universities on the Balance between Research and Undergraduate Teaching* (Syracuse, N. Y.: Center for Instructional Development, Syracuse University, 1992); Peter J. Gray, Robert M. Diamond, and Bronwyn E. Adam, *A National Study of the Relative Importance of Research and Undergraduate Teaching at Colleges and Universities* (Syracuse, N. Y.: Center for Instructional Development, Syracuse University, 1996); Robert M. Diamond Bronwyn E. Adam, *Changing Priorities at Research Universities: 1991—1996* (Syracuse, N. Y.: Center for Instructional Development, Syracuse University, 1997).

附录　发现“卓越教师”

当我20世纪60年代早期读大学本科时，师从好几位魅力四射、教学有方的老师，我对他们佩服得五体投地，因为他们对我个人与智力的成长有着非常重大的关系。当我读大学二年级时，我开始跟一些我的老师交谈，问到他们做了什么，为什么他们要这样做，这些谈话对我的思维以及后来获得美国史博士学位并且成为一名大学老师产生了巨大的影响。像大多数大学教授一样，我未曾正式准备去帮助他人学习。我的研究和发表的学术成果集中在美国在中东地区外交政策的发展上。在懂得如何最好地去帮助别人学会像优秀的历史学家一样思考方面，我那点学问用处不大。在我教书生涯的前15年中，对论述教与学的研究和理论文献，我知之甚少。然而，在20世纪80年代早期，当我身为一名历史学教授并兼任得克萨斯州泛美大学的“大学优等生计划”的负责人时，我才最后开始系统地研究那些文献，这主要与建立一个全国历史教学中心的努力有关。与此同时，我对给“优等生”授课的卓越教师做鉴定颇感兴趣。我开始随班坐下来听课，与学生面谈，查阅教授的讲课提纲，与一些同事谈论他们的教学。

即使在这个时候，我还没有想到这些活动是一项正在进行的研究的一部分，但是当我在1986年到达范德比尔特大学，创建文理学院的教学中心时，我意识到我已经从研究杰出老师的教学活动中学到了很多东西。我也认识到多搞点研究可以提高我在中心的工作水平。这样我开始了一个系统的艰难尝试，去鉴定和考察教学拔尖的大学老师。

玛莎·费伊·马歇尔（Marsha Faye Marshall），是那个时候除我之外唯一参与研究项目的人。她在参与该项目之前曾当过私立小学教师，几经周折又在范德比尔特大学医学院攻读医学教育课程（后来为凯洛格管理学院学习行政教育课程）。她帮助我们详细阐明了鉴定研究对象的标准和一些用于正式和非正式访谈的问题。她也帮助我们分析了一些访谈录像带和研究对象正式的讲课，在他们的讨论中寻找规范。在我 1992 年前往西北大学担任瑟尔精英教学中心的主任之后，詹姆斯·兰（James Lang）加盟此项研究计划，当时他正在攻读英国文学博士学位，并且后来他在 20 世纪 90 年代后期担任该中心的主任助理。他指导了一些访谈，还帮助分析和综合访谈中出现的数据。他特别分析了当时出现的对教学评估的看法，并且帮助综合形成最后一章描述的形式。几位师从已故罗伯特·门杰斯（Robert Menges）的高校毕业生，包括多萝西·考克斯（Dorothy Cox），帮助指导研究对象的访谈，形成了一些现有的结论。

为了鉴定有潜力的候选者，我们主要依靠下面的信息资源：与数百名学生面谈，说说哪些老师在他们智力和个人发展过程中产生过的重要的和积极的影响；与教授们展开对话，谈论那些因教导有方、学生学业骄人而声名远播的同事；了解主要教学获奖者名单；在后来的几年中，教授和学生推荐值得入选为研究对象的人。在 90 年代中期，我们从几个电子邮件讨论小组的参与者中征集提名。在 1996 年，我们开始举办三天关于研究早期结果的全美暨国际会议，这些会议扩大了这个事业的知名度，并且从全美国乃至澳大利亚获得了更多的提名。

一旦我们鉴定了一个具有潜能的研究对象，我们就开始搜集能够帮助我们决定那个人的潜质是否名副其实的足够证据。学生对老师关于综合问题和成果问题的打分（如果有的话）必须超出平均分很多，但是仅有高分还不足以说明问题，其他证实该教授有规律地促进优质学习的证据必须存在。那个证据的性质随着学科与个人而变化，但是它可以包括教学大纲、考试、评估方法、教学意见、自我报告（作为有关教学目标质量的证据）、学生作业的样本、系里考试的成绩、学生随后在其他班的成绩，还有跟学生的面谈（作为培养深造成功的证据）。查阅第一章，我们可以看到具体的例子。然而，在学生打分中得低分意味着自动地从研究中淘汰出局，理由是无论其学习形式如何，低分留下了学生厌学的确凿证据，这种厌学可能破坏学习并且使学生对该领域的进一步学习失去信心。

在我们有足够的证据证实他们的方法明显地促进学习之前，所有进入研究项目的候选人均处于试用期。我们要仔细考察他（她）的学习目标，看他（她）能不能成功帮助学生达到这些目标，有没有能力激励学生对学习产生高度积极的态度，最后才能决定入围人选。我们要知道这位老师成功地影响了大部分学生——如果不是全部的话——帮助绝大多数的学生达到我们认为是出类拔萃的高级学习的水平。随着计划的深入进展，我们经历了一场提高期望值的革命，这样一来，那些后来入选研究项目的人一般必须符合比早期当选人更高的标准。然而，我们现在不能够把我们关于谁当选谁落选的决定化为一个公式，如同我们无法用公式来评判历史上的学术手稿一样。

我们选择将总共 63 名不同的教师纳入研究。调查的方法经常与调查研究的新闻记者或叙事的历史学家的方式相似，按这种方法，我们从各式各样的来源中主要查看定性的证据，从我们听到的证据和我们读到的文件中得出结论，把它们编排成一个综合的报道，而不是对数据做一个量的统计分析。我们利用六种主要的信息来源来甄别研究对象：（1）正式或非正式的采访；（2）关于他们教学观点的公开介绍或书面讨论稿；（3）教学大纲、指定作业本、评估政策的说明、讲演笔记，以及研究对象准备的关于讲授具体课程的其他书面材料；（4）观察他们在教室里或其他地方的教学，包括在有些情况下这些上课内容的录像带；（5）学生的成果，包括他们的态度和想法（在采访、小组分析和评估形式中收集到的）以及学术工作（论文、考试、课外自修项目、表现等等）；（6）同事的评论，通常同事会提供学习目标的评价和研究对象所教学生毕业后的声誉。我们利用了五六种形式的参考资料来鉴定35名我们研究最深的研究对象，至少利用两种形式的参考资料来鉴定剩下的28人当中的每一个人。我们观察了6名研究对象的一门完整的课程，和其他35个人的部分课程。

大多数正式访谈都录了音。非正式采访由我们和一些研究对象的对话构成，经常是相当随意的。我们利用非正式讨论有组织安排方面的原因（因为正式采访很难安排），也是出于方法方面的考虑。我们要看看回应的模式是否有所不同，在关于他们教学的非正式讨论中我们的研究对象会呈现何种状态，让他们告诉我们一些在我们拿摄像机拍摄时他们不会说的事情。我们发现很多研究对象在这些非正式安排中显得更坦率，与他们的一些同事在正式采访中的表现相比少有防范心理。不管是正式还是非正式，这些对话以四个调查的领域为中心：你要求你的学生达到的学习目标是什么？你如何促进这些目标的完成？关于学生成功达到这些目标你有什么证据？你有什么证据来证明你的方法对发生的学习有显著的帮助？当我们请求教授提供他们教学的公开说明，我们提供相同的概括性问题作为他们谈话或文章的指导。

由于我们从早期采访和谈话中提高了洞察力，因此，在四个主要类型的调查下，每一方面的具体问题都随着学科和个人而变化，并且随着时间的推移而发展。有些方式的问题出现在同行评议计划中。西北大学和其他 11 所大专院校在美国高等教育联合会的指导下从 1994 年至 1998 年参与了该计划。下面是我们使用的一些问题：你怎样描述你对人类如何学习的理解？当学生学习新东西时会发生什么认知现象？你准备怎样去教学生？当你为学生准备一篇课文、一门课程或者任何其他学习体验时你会问自己什么问题？在你的教学中你对学生有什么承诺？作为你教导的结果，他们能够在智育、体育、情感方面有何表现？你期待学生有什么样的成功学习？当你教书时你做些什么？你主要的教学方法是什么？那种教学通常在什么地方发生？若要帮助和鼓励学生学习时你会做什么？针对你的教学方法，有没有什么好的比喻说法？你怎样描述你与学生的关系？针对你教过的学生什么样的事情你最喜欢？什么你最不喜欢？如果有的话，学生跟你学习会面临什么主要难题？如果有的话，你在帮助学生学习时会面临什么主要问题？你怎么知道什么时候你的书教得好？你怎样检查你的进步和评估你自己的努力成果？你有任何教学成功的证据吗？

关于具体课程我们也问到下列问题：这个课程什么时候开始？为什么要从开始的地方开始？当课程展开时你和你的学生会做什么？课程怎样结束？为什么在结束的地方结束？你讲课谈什么内容或围绕什么主题主持讨论？主要的教学任务和评估学生作业的手段是什么？你要劝导你的学生相信什么？或者提出什么质疑？你要他们培养新的爱好或性格倾向吗？你的课程有没有教给学生学者们如何在你的学科内进行科研——制定和评审该学科的治学方法和标准？课程有没有教学生你这门学科的逻辑，即在你学科内工作的学者是如何根据证据来推理，他们运用什么概念、作什么假设、结论有什么含义？你的课程会帮助学生回答什么大问题？它会帮助学生发展什么智力（或素质）？你期待学生发现你的课程有什么特别吸引人的东西？他们会在哪里遇到在理解或动机方面最大的困难？课程如何随着时间发展？你的课程是不是像一次旅行、一个寓言、一场游戏、一个博物馆、一部罗曼史、一首协奏曲、一场亚里士多德式的悲剧、一条障碍赛跑道、上述各项中的一个或全部或一些？你的比喻说法是否阐明了你的课程的主要方面？

我们主要的目的只不过让人们谈论他们的教学，告诉我们他们班上的故事。我们的方法与划独木舟顺流而下有很多相似之处；我们偶尔把桨插入水中防止搁浅，并且确保我们探索兴趣的主要航道。像很多运用口头历史研究方法的优秀历史学家一样，我们随后寻觅确凿的证据，通常以书面的形式（学生作业的样本、考试或指定作业本的复印件、教案等等），但有时候是从个人授课的录像资料中获取。

在一个小组分析中，我们在教授不在场的情况下会见了学生（通常在上课时间结束的时候），将他们分成两人一对或小组，并且让每一对或每个小组花 8 至 10 分钟讨论 3 个问题：(1) 什么方法成功促进了你们的学习？(2) 什么样的班级结构或授课方式的变化会更好地促进学习？(3) 你会怎样描述你班上学习性质的特点？我们也请他们在讨论时做好笔记。当时间一到，我们让全体学生聚到一起，从小组收回报告。在那个时候，我们能够做两件我们不能用一种书面手段做的事：澄清（问连续的问题）和核实（确定一份特定的报告反映了每个人的观点还是组员的不同看法）。整个过程通常大约花费 20 分钟。我们根据小组报告做笔记，并且收集学生们在他们讨论中做的笔记。

我们反复阅读这些书面材料（教案、教材、小组笔记、谈话）并且多次观看采访和教学的录像带，来鉴别被广泛使用和最有影响的模式。我们认识到并不是每个人都会使用相同的语言去描述相同的教学目标和实践。我们自己对研究和理论文献的熟悉帮助我们透过专门术语和所见场景，给予教学实践和思维方式通俗易懂的叫法，识别展现在我们面前的模式，同时我们也力图让我们从研究对象那里收集来的文章和有关他们的文章指导酝酿中的结论。为了选出最佳模式，我们经常尽力写出关于研究项目中的人物的个人故事，然后讨论故事中的共同点。

在对证据进行仔细和有事实根据的检查的基础上，我们能够证明，我们确定的63个人都帮助和鼓励他们的学生获取出色的学习效果，也都体验了那种不寻常的成功喜悦。因为我们没有举办一个竞赛，通过它来观察大批的教师，或者通过一个随机选择的横断面来挑选优胜者，所以我们不能肯定地说其他的人就没有不相上下的或者更大的成功。所以，一份关于这个小组的人口学报告不会提供什么有意义的信息，甚至会留下虚假的印象。举个例子来说，如果我们研究的男性超过女性，可能或多或少地反映出在大学执教的女性少于男性。如果我们在我们小组内看到女性的比例比一般教师队伍的男女之比要高些，那可能纯属巧合。7个人教学不到10年（无人低于5年）；另外22人，不到15年；还有另外5人，不到20年，所有其他人教学超过20年。我们鉴定的教授除了十几个以外全部都在研究所教书，但是那只是反映了我们所处的位置，并不是说最好的教师都受聘于此。

有意义的是，我们鉴定为最有效的方法运用于严格选拔和开放录取这两类学校，给我们启示的是不管学生的学业成绩如何，有些基本原理都是成功和奏效的。我们看一看来自40个不同专业的学生，他们在人文学科、社会科学和科学、数学、工程学之间保持大致相同的平衡：5个人来自表演艺术；10个人在研究生专业学院教书，其中2人也教本科生；55个人教本科生，其中半数以上的人也教研究生。上述信息没有丝毫暗示什么地方容易发现优秀老师，但是它的确反映了我们的研究的广度。

我们的调查主要由一系列的个案研究构成，在我们发现的特别会教书的老师中，我们努力讲述教师群体或者个别老师的故事。我们提供这些结果一是作为某种教学方法实施有效的证据，二是作为进一步调研的理论基础。将来的研究能开始以一种方式来相互测试教学方法，这一方式我们只在唯一的一宗个案中运用过。在那个例子中（推出高级概念研讨会的生物学家——见第四章），我们能够比较两组学生的成就，这两组学生是：在自愿报名之后，被允许参加高级概念研讨会的人；其他被拒绝给予这一待遇，并且停留在其他更传统的学习环境里的人。在这种情况下，我们能够考虑广泛的统计分析去比较参与者的学术成绩，一个控制的小组和一个非自愿者小组。[①]

我们最伤脑筋的方法问题，依然是我们如何给“优质的学习”下定义。我们发现我们不能研究出一个适用于所有学科的一般定义，但是我们也发现，我们从研究对象那里听来的想法形成了我们对“优质的学习”可能含义的理解（与早期注意到的提高学习期望值的革命有关）。我们研究最紧密的是智力和个人发展的方面。一般说来，我们把智力发展看做是：理解一大堆材料；学会如何学习（扩大理解），如何凭证据来推理，如何运用各式各样的抽象概念，如何参与关于那种思维的谈话（包括写出那种思维的能力），如何问些尖端高深的问题；运用所有这些能力的心理习惯。个人发展意指了解自己（个人的历史、情感、素质、能力、悟性、局限、偏见、自负，甚至各种感觉）以及做人的含义，也指对自身责任感和其他方面的培养（包括道德培养），还指运用同情的能力以及理解、运用个人情感的能力。它也意味着养成保持和运用这些发展的心理习惯。

① 参见 W. K. Born, W. Revelle, and L. Pinto, “Improving Biology Performance with Workshop Groups,” *Journal of Science Education and Technology* 11 (2002): 347 - 365。

鸣　谢

酝酿此书的研究始于上个世纪 80 年代，当时我已经做了 15 年的大学历史教授。当我成为在范德比尔特大学、西北大学和纽约大学等一系列大学教学中心的开山主任之后，这项研究也没有停止。除我之外，两位同仁在研究的开创、实施和完成方面发挥了重要的作用。玛莎·费伊·马歇尔自始至终参与其间，协助研究的方方面面，在系统地阐述结论时起到了关键的作用。詹姆斯·兰帮助研究、撰写和阐明结论，还担负起其他各式各样的责任。在他不能积极参与这项研究之后很长一段时间，他仍然力劝我继续这项工作。

为了进行研究，我们依靠很多同事的支持，他们虽然不是研究的主体，但是他们却帮助我们挑选候选人，给酝酿中的新观点提供宝贵的意见，他们确实功不可没。亲朋好友也出谋献策，还有那许许多多学生参加了小组分析，或参与采访、谈论他们最好或最糟的老师。我的女儿汤尼娅（Tonia）与儿子马歇尔（Marshall）以及儿媳艾丽斯（Alice），在研究的早期都在大学任职，他们的经历和思考对后来出现的教学思想提供了颇有价值的激励作用。在手稿准备的最后阶段，他们对于改进工作提出了重要的建议。

当我与汤尼娅谈起她住在范德比尔特大学一间语言寝室的经

历时，我第一次看见我们归结为“自然的批判性的学习环境”的轮廓。同样也要感谢在巴尔的摩身为艺术学生的阿尔·梅西诺（Al Masino），他与我分享了他的一些经历。我也要感谢两位南卡罗来纳优秀的老师布雷纳（Brena）和约翰·沃克（John Walker），他们阅读了手稿的早期部分，并提供了宝贵的建议。伊丽莎白·诺尔（Elizabeth Knoll）和克里斯廷·索尔斯坦森（Christine Thorsteinsson）——我的两位编辑——在写作的最后阶段提供了很多高明的建议。埃玛·萝西（Emma Rossi）与朗尼·莱瓦（Loni Leiva）对最后手稿的准备提供了宝贵的帮助。

当然，多亏了所有在研究中占有一席之地、富有魅力的人，以及拨冗与我们谈论教学或应邀发表公开讲演的人。最后，我要感谢我的父母——我的启蒙教师杰西·李·贝恩（Jesse Lee Bain）与薇拉·布鲁克斯·贝恩（Vera Brooks Bain），早在我出世之前，他们就在佐治亚和阿拉巴马州的一个小镇上的中学和小学辛勤耕耘了六七年之久。

译　后　记

2005年夏初，喜闻好友明廷雄受北京大学出版社之托，承译哈佛新书《如何成为卓越的大学教师》。单就一个书名就撩动了我的心弦，外国同道高明在哪里呢？从此心里就一直盼望着它能早日出版，好先睹为快。可待我8月份从苏杭归来，方知明君大病初愈。随后应明君之邀合译此书（他译前四章，我译后四章、附录和鸣谢），从此两人一个在汉口，一个在武昌，隔江奋战，用尽大半年的点滴休息时间，终于把书稿翻译出来。

艰难的翻译过程是激情燃烧、心灵交流、思想共鸣的过程。我时而拍案叫绝，自诩“英雄所见略同”；时而又沉思无语，为自己以往的教学疏忽而抱憾。译完此书就像经历了一次精神之旅。如今手抚译稿，真是感慨良多。

世界100强大学中，有50多所在美国，这些学校令世界各地的莘莘学子为之神往。美国的大学究竟魅力何在？此书以特有的方式论述了美国卓越大学教师的教学理念、教学规律、教学技巧、教学环境以及培养人才过程中教与学的关系，把理论、实证、实践、故事、趣味融为一体，令人回味无穷。“他山之石，可以攻玉。”相信这本书将给中国的大学教学吹来一股清风，给我们大家一些启迪，活跃我们的教学理论和教学实践。

作者俨然是个资深的编导，把高等学府的教学生涯演绎成一部引人入胜的电视连续剧，将那些平凡中见伟大、教学中显身手的优秀教师用特写镜头推到我们面前。原作语言生动活泼，事例真实鲜活，让你身临其境结识那些才华横溢的同道，欣赏其睿智幽默，触摸其思想脉络，观摩其教学实践，体验其课堂氛围，感受其人格魅力。这本书可谓良师益友，时而让你忍俊不禁，时而给你善意的提醒，既有赞美之词，又有警世之言。

怎样培养和造就具有创造性的人才？美国高等教育联合会把目光投向教学第一线被调查证实的最优秀的教师身上，对他们进行了教育学意义上的长期审视，密切跟踪，深入研究，探索他们成功的奥秘。作者视野广阔，收放自如，宏观与微观囊括无遗。大到研究计划和全国性的讨论，小到教师的举手投足和心理活动、学生的一个眼神和面部表情。作者以超拔的高度指出："一个教师应该把教学看成是一种严肃的智力行为，一种学术成就，一种创造。"态度决定一切，"最出色的大学教师会创造出一种我们可以称之为自然的批判性的学习环境"。要想培养学生的创造性思维和创造能力，首先要培养他们的创造性人格。优秀教师的教学活动要始终以学生为中心，以学生的智力和心理发展为目标。

基于这一理念，美国卓越的大学教师上课不搞定式思维，甚至请学生唱反调。教学以人为本，旨在激发每个学生的兴趣，自由有效地进行交流，帮助每个人理解所学知识，诱发反应，培养深度思考，包容多元视角，并考虑每个学生的个人需求，帮助他们达到最佳状态。作者旗帜鲜明地指出：考试成绩不是教育的目的，更不是一场制造赢家与输家的游戏。应试教育与素质教育之争在我国由来已久，两者形成冰炭之势。令人信服的是，珍妮特·诺登一贯因材施教，实施素质教育，其门生弟子在国家医学考试委员会和美国行医执照考试中心举行的标准化考试中屡屡名列前茅。事实胜于雄辩，优质教学必然考出优异成绩。

本书从优秀教师教学的案例中归纳出“一般思维模式和实践模式”以及七条“相当普遍的原则”，至于“闭着嘴巴教书”的真谛，如何对学生的思想、行为和感情产生持久和积极的影响，则不是归纳法和演绎法可以做到的，这有赖于读者去思考，去体会。作者林林总总谈了很多教学经验和技巧，他在书的结尾处写到：“最好的教学经常是一个智慧的创造，同时也是一门表演艺术。”作者强调教学要有先进的理念和技巧，更需要教师不断的实践和创造性的努力。

“先有哈佛，后有美利坚合众国。”教育的地位和贡献不言自明。一个国家的高等教育是保存其民族文化传统、学习融合外来文化的重要媒介。抚今追昔，美国的强盛靠的是先进的教育理念、面向平民大众的办学思想、以人为本的教育体系以及百年承传的教育方针，这一国策奠定了国民素质的优势。迄今，美国有343 名诺贝尔奖得主和 197 名知识型的亿万富豪，奥运会奖牌总数第一，综合国力举世无双。凡此种种，无一不证明美国教育是促进科研创新、推动社会发展、领先世界的成功秘诀，换言之，美国在世界民族之林一枝独秀是教育培植出来的丰硕成果。

虽然中美两国文化背景不同，但是为国育才是我们共同的目标和理想。以宽广的胸怀吸纳异质文化的优点，借鉴大师级的教学理念和教学技巧是我们的责任。海纳百川，有容乃大。中美教育交流始于 19 世纪 30 年代。作为中国第一批官办留学生，中国铁路工程师之父詹天佑 12 岁时便远渡重洋，负笈美国，1881 年以优异成绩毕业于耶鲁大学。进入新世纪，中华复兴的号角已经吹响，我国古代伟大的教育家孔夫子也“乘槎浮于海”，“孔子学院”已在许多国家奠基成长。中国要和平崛起，教育是基石，教育是软实力。古往今来，教育是兴国安邦的系统工程，是薪尽火传的伟大事业；教师则是文明之邦的耕耘者，他们笔耕不辍，舌耕不息。正是有了他们的劳作，文明之树才能根深叶茂，民族文化才得以繁荣昌盛。十年树木，百年树人。培养身心健康的高素质国民，造就富有创新精神的人才队伍，我们任重而道远。

“临渊羡鱼，不如退而结网。”您愿意为国家民族的教育发光发热吗？您愿意做一名最好的老师吗？您期待学生发现您的课程有什么特别吸引人的地方吗？您讲授的课程是不是像一次旅行、一个寓言、一场游戏？或者是一个博物馆、一部罗曼史、一首协奏曲？您对学生的心智发展有怎样的影响？您能帮助学生取得出色的成绩吗？

“古之学者必有师。师者，所以传道授业解惑也。”同样是教书育人，我们怎样缩小与最好的教师之间的差距呢？感谢北京大学出版社引进这本哈佛力作，向每一个人打开了一条“出洋考察”美国高等学府的捷径。如果您有缘结识此书，开卷有益，掩卷长思，相信读过之后您会豁然开朗。我希望教育界的每位同人都能有幸读到这本书。

彭汉良

英汉译名对照表

Active Learning　主动学习
Advanced Conceptual Workshops　高级概念研讨会
African American student　非洲裔美国学生
Ambady, Nalini　纳利尼·安巴迪
Anatomy, teaching of　解剖学教学
Architecture, teaching of　建筑学教学
Arizona State University　亚利桑那州立大学
Arons, Arnold　阿诺德·阿伦斯
Aronson, Joshua　乔舒亚·阿伦森
Art History, teaching of　艺术史教学
Asian American student　亚裔美国学生
Assessment of students　评估学生
Assessment of students, learning-based approach to　基于学习的评估学生方法
Assessment of students, performance-based approach to　基于操作的评估学生方法
Assignments　作业
Astronomy, teaching of　天文学教学

Baker, Paul　保罗·贝克
Banking model　银行模式
Bell, Derrick　德里克·贝尔
Besanko, David　大卫·贝桑科

Billings, Josh 乔希 · 比林斯
Biology, teaching of 生物教学
Brown, Deborah 德博拉 · 布朗
Bulimic education 食欲过盛型教育

Cannon, Charlie 查利 · 坎农
Case-based learning 案例学习
Case-based teaching 案例教学
Chemistry, teaching of 化学教学
Clinchy, Blythe McVicker 布莱斯 · 麦克维克 · 克林奇
Cohen, Geoffrey 杰弗里 · 科恩
Collaborative learning 协作学习
Commitments 投入
Community of learners 学习者团体
Conception of teaching 教学思想
Connected knowers 关联认知者
Construction of knowledge 构建知识
Cool language 冷淡语言
Correlational reasoning 关联推理
Critical thinking 批判性思考

Dallas Theater Centre 达拉斯戏剧中心
de Beaugrande, Robert 罗伯特 · 德 · 博格兰德
deCharms, Richard 理查德 · 迪查姆斯
Deci, Edward L. 爱德华 · L. 德西
Deductive reasoning 演绎推理
Disciplinary thinking 从专业角度思考
Discussions, conducting 进行讨论
Divine, Robert 罗伯特 · 迪万
Dr. Fox Effect 福克斯博士效应
Dr. Wolf 沃尔夫博士

Dweck, Carol　卡罗尔·德韦克

Economics, teaching of　经济学教学
Ego-orientation　自我趋向
Engineering, teaching of　工程教学
Entwistle, Noel　诺埃尔·恩特威斯尔
Ethnography, teaching of　人种学教学
European American students　欧洲裔美国学生
Evaluation of students　评估学生
Evaluation of teaching　教学评估
Examinations　测试
Excellence in teaching: defining　定义卓越的教学
Expectation failure　预期失效
Explanations, making　作解释

Farber, Jerry　杰里·法伯
Feedback　反馈
Feynman, Richard　理查德·范曼
Finkel, Don　唐·芬克尔
Freire, Paulo　保罗·费里尔
Fulghum, Robert　罗伯特·富尔格姆
Fundamental assessment question　基本评价问题
Fundamental evaluation question　基本评估问题

Goodwin, Jean　珍妮·古德温
Grading　打分

Halloun, Ibrahim Abou　易卜拉辛·阿布·哈龙
Hanna, Suhail　苏黑尔·汉纳
Hargrove, Erwin　欧文·哈格罗夫
Harvard University　哈佛大学

Heinrich, Paul 保罗·海因里奇

Helplessness 无助

Herschbach, Dudley 达德利·赫希巴赫

Hestenes, David 大卫·赫斯特尼斯

Hispanic American students 墨西哥裔美国学生

History, teaching of 历史教学

Humanities, teaching of 人文科学教学

Hypothetical cases 假设案件

Hypothetico-deductive reasoning 假说—演绎推理

Indiana University 印第安纳大学

Inductive reasoning 归纳推理

Integration of Abilities 能力整合

Intellectual develepment 智力发展

Intelligence, conceptions of 智力观念

Intention 意图，意愿

International students 国际学生

Internet 互联网

“Is It a Rembrandt?”(software program) “它是一幅伦勃朗的作品吗?”(软件)

Kellogg School of Management 凯洛格管理学院

Lachs, John 约翰·拉克斯

Lang, James 詹姆斯·兰

Law teaching of 法律教学

Learners, deep 深度学习者

Learners, strategic 策略学习者

Learners, bulimic 食欲过盛型学习者

Learners, surface 表层学习者

Learning 学习

Learning model of teaching 教学的学习模式

Learning objectives　学习目标
Learning University　学习型大学
LeBaron, Samuel　塞缪尔 · 勒巴伦
Lectures　演讲者
Lecturing　演讲
Leuptow, Richard　理查德 · 勒普托
Light, Richard　理查德 · 莱特
Literature, teaching of　文学教学
Lynn, Ralph　拉尔夫 · 林恩

MacLean, Nancy　南希 · 麦克莱恩
Management, teaching of　管理学教学
Marsh, Herbert　赫伯特 · 马什
Mathematics, teaching of　数学教学
McEvoy, Arthur　阿瑟 · 麦克沃伊
Mead, Gerald　杰拉尔德 · 米德
Medicine, teaching of　医学教学
Mental models　心智模式
Michelsen, Larry　拉里 · 米切尔森
Motivation　动机
Muir, Ed　埃德 · 缪尔

Native American students　美国土著学生
Natural critical learning environment　自然的批判性的学习环境
Natural sciences, teaching of　自然科学教学
Negative stereotypes　负面成见
Nelson, Craig　克雷格 · 纳尔逊
Neuroanatomy, teaching of　神经解剖学教学
Newton's laws of motion, teaching of　牛顿运动定律教学
New York University　纽约大学
Nonjudgmental responsiveness　非评价性反馈

Norden, Jeanette　珍妮特 · 诺登
Northwestern University　西北大学

Pan American University　泛美大学
Paradigms　范式
Performance-avoiders　表现型防范者
Performing arts, teaching of　表演艺术教学
Perry, William　威廉 · 佩里
Personal development　个人发展
Person praise　个人表扬
Philosophy, teaching of　哲学教学
Philpott, Tom　汤姆 · 菲尔波特
Physics, teaching of　物理教学
Pinto, Larry　拉里 · 平托
Politics, teaching of　政治教学
Preparing to teach　备课
Procedural knowers　程序认知者
Project-based learning　以项目为基础的学习
Promising syllabus　承诺式的教学大纲
Psychology, teaching of　心理学教学

Questions, using　运用提问

Reading, teaching of　阅读教学
Received knowers　接受型认知者
Relationships, teacher-student　师生关系
Rembrandt's brush strokes　伦勃朗的笔触
Research-based teaching initiative　研究型教学机构
Rhode Island School of Design　罗得岛设计学校
Richards, Ann　安 · 理查兹
Richardson, Chad　查德 · 查理森

Rosenthal, Robert　罗伯特·罗森塔尔

Saari, Donald　唐纳德·萨里
Sandel, Michael　迈克尔·桑德尔
Searle Center for Teaching Excellence　瑟尔精英教学中心
Seeskin, Ken　肯·西金斯
Separate knowers　独立认知者
Shulman, Lee　李·舒尔曼
Silver, Larry　拉里·西尔弗
Small group analyses　小组分析
Social sciences, teaching of　社会科学教学
Sociology, teaching of　社会学教学
Socratic method　苏格拉底式的
Solomon, Robert　罗伯特·所罗门
Speaking skills　演讲技巧
Standards, academic　学术标准
Stanford University　斯坦福大学
Steele, Claude　克劳德·斯蒂尔
Stereotype vulnerability　易受成见影响的脆弱性
Student-centered teaching　以学生为中心的教学
Student ratings　学生打分
Students　学生
Subjective knowers　主观认知者
Syllabus　课程大纲
Syllogistic reasoning　演绎推理
Syracuse University　锡拉丘兹大学

Tait, Hilary　希拉里·泰特
Task-orientation　任务趋向
Task praise　任务表扬
Teaching centers　教学中心

【专家分析】教无定法，成为优秀大学教师有道可循

北京大学原副校长、教务长王义道

要做成功的教师是有道可循的。这里，需要教师在教学过程中反复琢磨，把教学“看成是一种严肃的智力行为、一种学术成就、一种创造”，并从挫折和失误中吸取教训，不断锤炼与提升。

一个多月前，我在一所高校进行了一次题为《我心目中的好老师》的讲座。起这样一个题目说明我心虚，因为我并不确切知道，做一个好的大学老师，究竟有哪些已成定论的要求。“我心目中”则是见仁见智，由个人说了算，这样我才会稍微轻松些。前些天，北京大学出版社给我送来一本书：《如何成为卓越的大学教师》，要我说点意见。我高兴极了，心想要是能在一个多月前给我就好了，免得我煞费苦心去琢磨该怎样塑造一个好的大学老师的形象，并且，演讲肯定会更为丰富真切了。

教无定法与4个“真”

由于职务关系（我曾担任北大教务长和常务副校长），我对怎样才算是一个好的大学老师、怎样才能成为一个好的大学老师之类的问题，还有种种看似矛盾却又在理的说法，如：“大学教师主要靠学问好，学问好了，自然教得好”，“教学要有基本功，基本功要在年轻时打好”等都时常思考。我从北京大学的一些知名教师和在学生中很有影响的教师身上看到，教师的教学方法和风格是五花八门的，但却都能给学生以深刻影响、取得卓越的教学成就，真是教无定法！

不过，他们的成功的确也有许多共同之处，除了学问好以外，至少还要热爱学生。这样，我曾把好教师的条件归结为4个“真”，即真知、真信、真行和真情。但这些条件只体现了教师素质的一个方面，没有包括怎样进行教学、如何实现教学目标，以及怎样具体处理教与学之间的关系和各类学生学习中发生的问题等重要方面。

这里还要界定怎样才算是好老师。教学涉及性质不同的各种学科，又面对活生生的、有着个性、资质、经历、志向、兴趣、爱好和生活环境千差万别的人，要找出共同规律，确实不容易。所以，要

回答“怎样才算是好的大学老师”和“怎样才能成为一个好的大学老师”之类的问题，是需要下一番工夫研究的。

身为美国几所名牌大学教学中心创始人和主任的肯·贝恩教授花费了近20年的时间，从考察近100位大学教师的教学实践出发，总结出一套优秀教学所共有的东西。这里有教学思想、教学方法、教学技巧和教学环境等，还有首要的——怎样才算是好的大学老师，这些都结晶在《如何成为卓越的大学教师》这本书里，给了我们中国的大学教师以宝贵的启示和借鉴。

教育要以人为本

中国古话说：“名师出高徒”。衡量教师成绩，最重要的看他是否培养出了杰出的人才。但一切有杰出成就的人物是否都曾受业于卓越的教师？对这个问题，从中国近代科学史上信手拈来的资料中似乎就能得到肯定的回答。例如，姜立夫之对于陈省身和陈省身之对于吴文俊，吴大猷与王竹溪之对于杨振宁和束星北与吴大猷之对于李政道，这些已经成为中国科学界的佳话。不过，仅从历史片段摘取个别例子，还不算科学命题的证明。贝恩的这项重要研究恰恰就是从进行这样一种调查开始的，他证明，成功的教学能产生成功的学生。如果进一步问：成功的教学为什么能获得成功，成功的要素有哪些？贝恩回答说：成功的教学能够“帮助和鼓励学生进行深刻而卓有成效的学习”，并且“对学生的思想、行为和感情产生了持久、真实和积极的影响”。这里，作者给“深刻而卓有成效的学习”下了个“深度学习”的定义，并且以一个个生动的案例为背景进行了深入讨论。尽管教学形式多样，有课堂讲授、讨论、练习以及科研实践等，但都可达到“深度学习”的效果，也就是学生不是死记硬背许多学科事实和概念，而是能理解、分析、判断，并能进一步提出问题和进行创造。至于给学生以持久、积极的影响，就不仅涉及提高学生科学思维与专业能力，而且要体现在学生获得良好情感、价值观和社会责任感上，这是一种“做人”的教育。所以，卓越的教学既要促进学生的智力发展，又要促进人的发展；或者，按照我们的话来说，卓越教学是包含正确做事和正确做人两方面的教育。这些，可以说是卓越教学的理念和目标。

在信息化和经济全球化时代，世界变得狭小，各国高等教育的教学理念和目标也显出惊人的相似。近十几年来，中国大陆的高等学校大力提倡素质教育，其实质就是要改变过去把人训练成“工具”，或成为社会机器中的一颗永不生锈的螺丝钉的那种教学模式，而强调科学与人文相结合，通过通识教育和专业教学，不仅使学生学会从事各种工作的本领，而且能探索做人的意义，进而发展成具有健康情感和社会责任心的人。这是一种“以学生为中心”的、强调人的发展的“以人为本”的教育，这和贝恩教授在其书中阐述的教学观念和目标何其一致！

如何通过具体的教学措施来实现这样的教育目标？贝恩认为：“要想懂得教学成功的秘诀，我们必须既研究原则，又探索技巧。”为此，本书通过回答6个问题，从许多卓越教师的教学实践中总结出了4项关键概念、7条教学原则、4个课堂教学技巧、13个备课需要考虑的问题等。这里有大量鲜活生动的事例和机智有趣的说理，例如，作为优秀教学的第一条原则是“尽力创造一种自然的、批判性的学习环境”，使学生在学习中参与问题的提出与解决的全过程，产生好奇心和兴趣，从而开启其积极的思维、智慧与潜能。这条原则要运用于各种教学方式，包括讲课、讨论、实地考查、案例和项目研究中。这里，作者通过对许多人文学科、社会科学、自然科学和医学教授的教学情景的描绘，形象鲜明地展示出原则的运用，给我们以生动的启示。比如，他描写哈佛大学一位化学老师“将科学、历史和诗歌融会贯通来讲课，讲一些人类探询天地万物的故事来了解自然奥秘，引导学生投身历史斗争的长河之中，去探询和了解宇宙之谜”，在关于聚合物的一节课中穿插了尼龙的研发如何影响第二次世界大战结果的历史故事，使学生在理解化学概念的同时，也感受到科学的巨大社会作用和深刻的人文熏陶，这和我们提倡的在专业课程中渗透人文精神的思想如出一辙。

卓越教师是后天造就的

“毫无例外，杰出的教师非常了解他们所教的科目，他们是活跃的成就卓著的学者、艺术家或科学家。”道理要让别人懂，必先自己懂；真理要让别人信，必先自己信。按我的理解，杰出教师是通过对自己学科的深入研究，通过对其他领域的广泛涉猎，真正领会了学科的精髓并掌握其精神实质的人。他们对自己的研究领域孜孜不倦、执著追求，深信其结果为真理，且亲身努力实践，乐于也善于将学科的科学真理贯彻于行动、应用于社会。但是，教师光有这些专业或学科上的造诣还不足以成为优秀教师。“并非每一位优秀的学者都是卓越的老师。”好教师还要能够推己及人，把自己理解的也使别人理解，把自己的感情传递给学生。这里不仅有方法和技巧，首要的是教师能关心学生、理解学生、信任学生，和学生建立起平等的态度和诚挚的感情，这就是上面说到的4个“真”，即真知、真信、真行和真情。这样，教师才能以自己深厚的学问、思想和德行持久地影响和感染学生，使学生成为名师的“高徒”。

科研与教学的矛盾是困惑国内外研究型大学教师成长的难题。从国内外科学大师的经历和他们的体会中，我坚信，只要是真正从事科学研究的大师，他们从教学和与学生相处中获益匪浅。不少老科学家发自内心地表示，与青年学生在一起是他们延续科学生命、不断焕发科学青春的“灵丹妙药”。问题是，我们不少所谓“科学研究”，实际上只是被动地去完成一些受人指派的开发课题或咨询任务。本书对此问题有一个独特的视角，即把科研与教学都看成是一种学习，前者关乎教师的学习，后者关乎学生的学习，两种学习是一个互动过程。所以，研究型大学就是学习型大学，在这里，“教授和学生在一种平等的环境里共同参与广博而睿智的交谈”，教学相长。从这样的高度来看待科研与教学这对矛盾，至少能给我们一个新视界的启迪和解决问题的思路。

贝恩在书中特别强调，卓越教师不是天生的，是后天造就的。这意味着，要做成功的教师是有道可循的。这里，需要教师在教学过程中反复琢磨，把教学“看成是一种严肃的智力行为、一种学术成就、一种创造”，并从挫折和失误中吸取教训，不断锤炼与提升；不过有一本像贝恩的《如何成为卓越的大学教师》这样的书来开导，是很有帮助的，我们欢迎这样的著作。记得上世纪80年代中，我们本着“卓越教师是后天造就的”这样的精神，试图对青年教师的教学修养进行培训时，曾遍访相关的教材而不得，只好请几位优秀老教师现身说法进行辅导。当时，曾找到一本给初出茅庐者用以处理教学中一些突发事件的妙方的书，惜无译本。现在好了，有了像《如何成为卓越的大学教师》这样的精彩著作，北京大学出版社还出版了像《给大学新教员的建议》这样的入门书（坊间此类书籍还有一些），这应该是青年教师的福音。我期待他们在提高中国高等教育质量的新一轮努力中、在中国高等学校师资建设中发挥出色的作用。

教育是一种文化行为，深受文化的影响，《如何成为卓越的大学教师》这本书也反映了和我们不同的文化背景和思维模式。要是这本书的出版，能带动我国高等学校教师和教学研究工作者在调查研究本国卓越教师的教学经验基础上，写出自己的类似著作，那更是我们的厚望了。

【教师观点】超越传统观念的为师之道

中国人民大学教师 刘东风

韩愈的《师说》一文将教师的功能定位为“师者，所以传道、授业、解惑也”，这几乎成为了我国关于教师的传统认识。然而，在新的时代背景下，随着现代大学的功能由单纯的育人功能向教学、科研、社会服务等多种功能的扩展，人们对教师尤其是大学教师的功能有了更深入的认识。

《如何成为卓越的大学教师》一书凝聚了多位美国卓越大学教师在教学实践中的真切体会和严肃反思，他们以各种方法成功地帮助学生进行学习，且对学生的思想、行为和感情等方面产生了积极而持久的影响。虽然这些来自异域大学教学实践的探索所涉及的教育对象和国情迥异于我国，但这些卓越教师的言论所透露出的睿智不同程度地揭示出与大学教学紧密关联的几个主要方面的规律，想必能够引起从事高等教育工作的广大教师及管理人员的共鸣和感动。

教学无异于邀请学生围着饭桌交流

教育的根本在于“育”，“育”的本质在于“化”，“化”的主要表现为“变”，因而，教育的本质乃是引起受教育者知识结构、人格塑造及心性灵魂等方面朝着更为完善的方向转变。教学是教育最主要的承载形式，实施教学的内容形式及教学前后的一切工作都将服务于如何产生更好教育效果而实施。而学习的本质是学生的知识建构过程，是对已有思维模式的改造，而不是传统意义上的知识传授。卓越的大学教师注重学生的理解能力、使用证据得出结论的能力、提出重要问题的能力以及理解自身思维的能力，希望他们学会一贯而合乎逻辑地使用各种信息、观点和概念，来得出种种有意义的结论。

卓越的教师主要采取与学生交谈的形式，帮助学生从接受型认知者、主观型认知者和程序型认知者发展成为投入型认知者，使学生真正成为独立的、有判断力和创造力的思想者。他们认为对学生讲述的任何东西均是谈话而不是表演，他们抓住学生的注意力，鼓舞、激发其思维和提出质疑，与学生互动，激励并允许学生之间互动、和学习材料互动。交谈中，卓越的大学教师为理解一个概念或者作出一个最佳解释而竭尽全力营造自动交流的意识，促使学生感觉到他们是在共同努力、双方都是这场谈话的主角，这种教学无异于邀请学生围着饭桌交流。卓越的大学教师不单单是优秀的讲演家或讨论的领导者，从根本上讲，更是特殊类型的学者和思想家，引领自己和学生钻研学问、享受智慧人生。

超越传统“师道尊严”的师生关系观

师生围着饭桌进行交流，此时的大学教师已经超出了讲课是用来对某些主题进行百科全书式的覆盖，或向学生炫耀教师知识如何渊博的偏颇认识，而是在学生身上倾注大量心血，把时间、精力花费在学生身上，教师所作的一切是把学生当作平等的人和学习者。摒弃绝对权威后，取而代之的是同等重要和颇有效力的信任感，这与中国人民大学孙家洲教授不赞成传统的师道尊严而秉持道义之交的师生观有着异曲同工之妙。“跟学生建立了特殊的信任关系的教授经常展现一种海纳百川的气度，有了这种胸怀，他们时时谈论自己的求学经历、人生抱负、顺利挫折甚至失败，并且鼓励学生同样要反省和坦率。他们与学生分享治学秘诀，甚至坦陈在教室里也可以从学生的见识中学到东西。”卓越的大学教师消除了学生对教师的神话幻觉和认为大师是天生的错误观念，拉近了学生与教师之间的距离。“信任和坦率产生了一种互动的氛围，学生可以任意提问，毫无责难和受窘之虞，可以自由讨论各种观点和理解方法。”卓越的教师把学生视为和自己一起追寻真理的旅途中的同伴，是学生踏上寻求更深理解的精神之旅的领路人。

卓越的教师清晰地勾画出这样一个交叉点，即最好的教师对自身及其专业的理解方式与对待学生的方式之间的交叉点。“教师不是一毛不拔的知识主教，把持在通往知识王国的各个门口，使他们看起来更加显赫尊贵，师生是同窗共读的同学——不，是志趣相投的同胞，竭尽全力去探索宇宙奥秘，人类社会、历史发展和其他万事万物。”“他们怀有公平、同情和关爱之心，尽量把学生当作平等的人认真对待，用对待同事的方式对待学生。”这种为师之道在他们讲课的内容、讲课的方法和评估学生的措施中都能得到反映，而且也出现在了解学生的生活、文化背景和个人志向的尝试之中，他们愿意在课外与学生交谈也反映了这种为师之道。

如果说大学是一所学习型机构，那么教师的学习（科研）与学生的学习（教学）两者密切相关。在这个机构里，“教授和学生在一种平等的环境里共同参与广博而睿智的交谈”，这个团体的核心价值在于人人参与的约定和师生共同维护该团体和保持交谈的责任，使得各自都有所改变和提高。

应该走出去的两大认识误区

要想成为卓越的大学教师应该走出如下两大认识误区：第一，教学能力是与生俱来的，我们无法改变我们是否有此天赋。相信智能是恒定不变的人经常产生一种消极的无能感，而相信智能可以靠努力工作获得发展的人更可能成功。相信教学主要是传授知识的教师会认为成功由与生俱来的个性与品质决定，对此他们无能为力。若认为教学能够促进学习，教师才会相信如果更好地理解他们的学生和学习的本质及过程，他们能够创造更成功的学习环境。第二，高水平的教学就是技巧的问题，其实，最好的教学不仅是一种表演艺术，而是一种智慧创造。

如何查找文献（第二版） [英] 莎莉·拉姆奇
如何写好科研项目申请书 [美] 安德鲁·弗里德兰德 卡罗尔·弗尔特
高等教育研究：进展与方法 [美] 马尔科姆·泰特
教育研究方法（第六版） [美] 乔伊斯·P. 高尔等
如何进行跨学科研究 [美] 艾伦·瑞普克
社会科学研究方法 100 问 [美] 尼尔·萨尔金德
如何利用互联网做研究 [爱尔兰] 尼奥·欧·杜恰泰
如何成为学术论文写作高手——针对华人作者的 18 周技能强化训练 [美] 史蒂夫·华莱士
参加国际学术会议必须要做的那些事——给华人作者的特别忠告 [美] 史蒂夫·华莱士
做好社会研究的 10 个关键 [英] 马丁·丹斯考姆
法律实证研究方法（第二版） 白建军
传播学定性研究方法（第二版） 李琨
生命科学论文写作指南 [加拿大] 白青云
学位论文写作与学术规范（第二版） 李武，毛远逸，肖东发
如何为学术刊物撰稿（第三版）（影印版） [英] 罗薇娜·莫瑞
结构方程模型及其应用 易丹辉，李静萍

四、大学学科地图丛书

管理学学科地图 谭力文
战略管理学科地图 金占明
旅游管理学学科地图 李昕
行为金融学学科地图 崔巍
国际政治学学科地图 陈岳，田野
中国哲学史学科地图 刘乐恒
文学理论学科地图 王先霈
德育原理学科地图 檀传宝 等
外国教育史学科地图 王保星，张斌贤
教育技术学学科地图 李芒 等
特殊教育学学科地图 方俊明，方维蔚

五、北大开放教育文丛

西方的四种文化 [美] 约翰·W. 奥马利
人文主义教育经典文选 [美] G. W. 凯林道夫
教育究竟是什么？——100 位思想家论教育 [英] 乔伊·帕尔默
教育：让人成为人——西方大思想家论人文和科学教育 杨自伍
透视澳大利亚教育 [澳] 耿华
道尔顿教育计划（修订本） [美] 海伦·帕克赫斯特

六、跟着名家读经典丛书

中国现当代小说名作欣赏 陈思和 等
中国现当代诗歌名作欣赏 谢冕 等
中国现当代散文戏剧名作欣赏 余光中 等
先秦文学名作欣赏 吴小如 等
两汉文学名作欣赏 王运熙 等
魏晋南北朝文学名作欣赏 施蛰存 等
隋唐五代文学名作欣赏 叶嘉莹 等

宋元文学名作欣赏	袁行霈 等
明清文学名作欣赏	梁归智 等
外国小说名作欣赏	萧乾 等
外国散文戏剧名作欣赏	方平 等
外国诗歌名作欣赏	飞白 等

七、科学元典丛书

天体运行论	[波兰] 哥白尼
关于托勒密和哥白尼两大世界体系的对话	[意] 伽利略
心血运动论	[英] 威廉·哈维
薛定谔讲演录	[奥地利] 薛定谔
自然哲学之数学原理	[英] 牛顿
牛顿光学	[英] 牛顿
惠更斯光论（附《惠更斯评传》）	[荷兰] 惠更斯
怀疑的化学家	[英] 波义耳
化学哲学新体系	[英] 道尔顿
控制论	[美] 维纳
海陆的起源	[德]魏格纳
物种起源（增订版）	[英] 达尔文
热的解析理论	[法] 傅立叶
化学基础论	[法] 拉瓦锡
笛卡儿几何	[法] 笛卡儿
狭义与广义相对论浅说	[美] 爱因斯坦
人类在自然界的位置（全译本）	[英] 赫胥黎
基因论	[美] 摩尔根
进化论与伦理学（全译本）（附《天演论》）	[英] 赫胥黎
从存在到演化	[比利时] 普里戈金
地质学原理	[英] 莱伊尔
人类的由来及性选择	[英] 达尔文
希尔伯特几何基础	[俄] 希尔伯特
人类和动物的表情	[英] 达尔文
条件反射：动物高级神经活动	[俄] 巴甫洛夫
电磁通论	[英] 麦克斯韦
居里夫人文选	[法] 玛丽·居里
计算机与人脑	[美] 冯·诺伊曼
人有人的用处——控制论与社会	[美] 维纳
李比希文选	[德] 李比希
世界的和谐	[德] 开普勒
遗传学经典文选	[奥地利] 孟德尔等
德布罗意文选	[法] 德布罗意
行为主义	[美] 华生
人类与动物心理学讲义	[德] 冯特
心理学原理	[美] 詹姆斯
大脑两半球机能讲义	[俄] 巴甫洛夫
相对论的意义	[美] 爱因斯坦
关于两门新科学的对谈	[意大利] 伽利略
玻尔讲演录	[丹麦] 玻尔
动物和植物在家养下的变异	[英] 达尔文
攀援植物的运动和习性	[英] 达尔文

食虫植物	[英] 达尔文
宇宙发展史概论	[德] 康德
兰科植物的受精	[英] 达尔文
星云世界	[美] 哈勃
费米讲演录	[美] 费米
宇宙体系	[英] 牛顿
对称	[德] 外尔
植物的运动本领	[英] 达尔文
博弈论与经济行为（60周年纪念版）	[美] 冯·诺伊曼　摩根斯坦
生命是什么（附《我的世界观》）	[奥地利] 薛定谔
同种植物的不同花型	[英] 达尔文
生命的奇迹	[德] 海克尔
阿基米德经典著作	[古希腊] 阿基米德
性心理学	[英] 霭理士
宇宙之谜	[德] 海克尔
圆锥曲线论	[古希腊] 阿波罗尼奥斯
化学键的本质	[美] 鲍林
九章算术（白话译讲）	张苍 等辑撰，郭书春 译讲

八、其他好书

苏格拉底之道：向史上最伟大的导师学习	[美] 罗纳德·格罗斯
大学章程（精装本五卷七册）	张国有
教学的魅力：北大名师谈教学（第一辑）	郭九苓
国立西南联合大学校史（修订版）	西南联合大学北京校友会
我读天下无字书（增订版）	丁学良
科学的旅程（珍藏版）	[美] 雷·斯潘根贝格 [美] 黛安娜·莫泽
科学与中国（套装）	白春礼等
如何成为卓越的大学生	[美] 肯·贝恩
世界上最美最美的图书馆	[法] 博塞等
中国社会科学离科学有多远	乔晓春
道德机器：如何让机器人明辨是非	[美] 瓦拉赫等
彩绘唐诗画谱	（明）黄凤池
彩绘宋词画谱	（明）汪氏
如何临摹历代名家山水画	刘松岩
芥子园画谱临摹技法	刘松岩
南画十六家技法详解	刘松岩
明清文人山水画小品临习步骤详解	刘松岩
西方博物学文化	刘华杰
物理学之美（彩图珍藏版）	杨建邺
杜威教育思想在中国	张斌贤，刘云杉
怎样做一名优秀的大学生	王义遒
湖边琐语——王义遒教育随笔（续集）	王义遒
蔡元培年谱新编（插图版）	王世儒

《如何成为卓越的大学生》

[美]肯·贝恩(Ken Bain)著

孙晓云　郑芳芳　译

书号:978-7-301-25858-3

定价:39 元

2015 年 9 月出版

无论上哪所大学,你都能卓越!

哈佛大学"教育与社会"好书奖

北京大学校长林建华、

第三军医大学校长罗长坤作序推荐

被翻译为多种文字,畅销全球,激励了全世界数百万大学生

卓越大学生如何通过大学教育改变自己的思维方式,帮助自己做出睿智而关键的决定,最终脱胎换骨,成长为生气勃勃、富有创造力的人?

美国著名教育家,《如何成为卓越的大学教师》作者肯·贝恩教授,历经 30 余年的持续研究,科学地揭示了卓越大学生的成功之道,给长期以来受困于传统教育模式、缺乏创新精神的众多中国大学生,开出了一剂良药。

【内容简介】本书是作者贝恩教授历经 30 余年持续研究,深入采访了诺贝尔化学奖得主达德利·赫施巴克、《哈利.波特》作者 J. K. 罗琳、掌上电脑发明人杰夫·霍金斯等数十位卓越大学生,探讨了这些极具创新精神的人是如何通过大学教育改变他们的思维方式,如何通过大学教育帮助他们做出睿智而关键的决定,最终脱胎换骨,成长为生气勃勃、富有创造力的人。作者把美国最新的学习理论和学习策略与受访者生动具体的学习成长经历结合在一起,揭示了卓越大学生的成长之谜。

本书告诉我们一个令人振奋的科学结论:卓越大学生的成长经历证明,最重要的不是你上了哪所大学,而是在大学你做了什么最应该做的事情——只要你找到内心的激情,运用正确的思维方法和学习方法,任何人都可以成为卓越的大学生。

长期以来,中国众多大学生受困于传统教育模式,缺乏创新精神。本书给出的忠告是:只有抛弃急功近利的策略型学习法,采用深层次学习法,才能成为卓越的大学生,才能成长为具有批判性思维、富有创新精神的人。